To Auntie Maureen and

With love and best wishes,

Kim

TREMPLIN

Kim Eyre
&
Geoff Tait

CollinsEducational
An imprint of HarperCollins*Publishers*

Also by Kim Eyre
'Le Vif du Sujet'

Published 1992 by
CollinsEducational
An imprint of HarperCollins*Publishers*
77–85 Fulham Palace Road
Hammersmith
London W6 8JB

First published in 1984 by University Tutorial Press Limited
Reprinted 1986, 1987, 1989, 1990 by Unwin Hyman Limited
Reprinted 1992 by CollinsEducational

ISBN 0 00 322338 8

Printed in Great Britain by
Butler & Tanner Ltd, Frome and London

CONTENTS

— Pied ! on a toujours pied ! Ça dépend à quelle profondeur vous voulez avoir pied ! Jacques Faizant

PREFACE

Conversations with teachers, students and educationalists, meetings and conferences for linguists, and our own experience in the classroom have shown us that our schools and colleges are still awaiting a French consolidation course that can be used at the *immediate* post-16 stage. Such a course would revise past structures and lexis swiftly yet thoroughly, applying them to new and more adventurous contexts, moving from 'le connu' to 'l'inconnu' and leading students gently yet confidently into language activities associated with French in the sixth form. Hence *Tremplin*, a course book for use straight after the notorious 'summer of decline' following O-level or 16+ examinations, and destined to generate enthusiasm for and interest in post-16 French.

Structured in ten units, *Tremplin* broaches a very wide range of subjects within its chapters, whilst authentic French materials (newspaper and magazine extracts, cartoons, advertisements, medical forms, opinion polls, etc) make for an attractive and variegated presentation. The internal chapter structure is built around four major sections: the first three deal with different aspects of the central theme, collecting information and sorting and testing vocabulary and grammar through a variety of exercises, whilst the fourth section (entitled *Tremplin*) assimilates the material and uses it as a springboard for creative writing and for testing devices such as translation passages, gist comprehension, prose exercises and listening comprehension. The latter is tested by means of texts to be found in the *Teacher's Book* which is included in the extended version of *Tremplin*, together with reproduction and dictation exercises.

Two particular exercises to watch out for are 'Ne perdez pas pied!' at the end of the third section of each unit from Chapter 2 onwards, which revises and tests the main grammatical content of the previous chapter in a new context, and 'Dans le même bain!', to be found at the end of each unit, which takes the material of the chapter and invites the student to apply it to new or different areas of creative language work. Similarly, 'Dernière nage' in the tenth chapter enables us to test the subjunctive in its entirety, since this is the final unit.

We see *Tremplin* being used for the first two or three terms of the lower sixth form by *all* pupils undertaking an A-level course in French. It is designed to lead directly to *Le Vif du Sujet* (K. G. Eyre, 1982, UTP) which will in turn span another three terms, taking students up to the A-level examination. *Tremplin* will also be ideal for non A-level students and adult learners looking for a continuation course in French that will raise them to a very good level of linguistic competence. Alternatively, and as suggested by a number of teachers' experience, *Tremplin* could be used in the O-level year with a good O-level set, chapters 9 & 10 being optional extras in this case – but this would really be for schools finding themselves able to use *Le Vif du Sujet* at the very beginning of the lower sixth form. (By extension, schools with a fourth year French O-level entry could use *Tremplin* in the extra year before the first year sixth, taking pupils straight into *Le Vif du Sujet* thereafter.) It is, however, primarily as a consolidation course immediately at the beginning of the lower sixth form that the book is intended: it slots into *Le Vif du Sujet*, provides extensive monolingual practice in spoken and written French and acclimatises pupils to the types of exercise that constitute the three-phase method of language teaching. At the end of *Tremplin* a comprehensive grammar summary and French-English vocabulary are provided, and students should be prepared to consult both of these in case of difficulty: a list of contents for the former makes for easy consultation. Idiomatic expressions are listed within the chapters as far as Chapter 8, but from there onwards students are encouraged to consult the Vocabulary for translation of idioms, thereby providing some basic practice in dictionary research.

We are both enormously grateful to friends, colleagues and family who have encouraged and supported us in different ways during the writing of *Tremplin*. We would especially like to thank Annick and Arnold Saxton, who checked our manuscript and offered many valuable suggestions, and Lisa Eyre, who provided us with a number of her original and thoughtful illustrations – often at very short notice. Finally we would like to thank our students, past and present, who have never ceased to give us food for thought. To them we dedicate *Tremplin*, hoping that it will be seen as a cheerful book, cultivating enjoyment, knowledge and a full and rich understanding of the French language.

Kim Eyre
Geoff Tait 1984

ACKNOWLEDGEMENTS

The authors and publisher would like to thank the following for the use of extracts:
pp. 2, 62, 66, 80, 84, 90 *L'Express*; pp. 1, 24, 35, 76, 94, 96–98, 154, 155, 157, 159 *Le Figaro*; p. 4 *Téléjunior*; pp. 12, 21, 22, 75, 158, 159 *La Vie*; pp. 54, 77–78 *Le Monde*; p. 30 Antoine de Saint-Exupéry: *Le Petit Prince,* Editions Gallimard.

For the use of cartoons: pp. 1, 8, 11, 13, 14, 18, 19, 22, 23, 25, 26, 27, 30, 31, 36, 38, 40, 48, 51, 61, 62, 64, 71, 72, 75, 77, 83, 84, 85, 87, 89, 92, 94, 95, 96, Contents *La Vie*; p. 49 *King Features*; p. 39 © DARGAUD EDITEUR, PARIS 1971 ; pp. 15, 16 (top 2), 29, 43 are all based on ideas by Lisa Eyre.

They are also particularly grateful to the following for the time and effort they have taken to provide the photographs included in this book: pp. 67 (both), 68 (all except middle photo), 69 (top row, middle photo, bottom row, right and left-hand photos) Keith Gibson; pp. 20, 68 (middle photo), 69 (bottom row, middle photo) Peter Hughes; p. 69 (top row, right and left-hand photos) J B Briggs; p. 78 SNCF French Railways; p. 42 Black & Decker; p. 2 NASA; p. 83 Topham Picture Library; p. 41 Sandy Lewis.

Despite every effort, the publishers have been unsuccessful in seeking permission to use all of the copyright material which appears in this book. They ask the relevant copyright holders or their agents to contact them about this should the book succeed in coming into their hands.

KEY TO THE GRAMMATICAL CONTENT

Chapter 1 — the perfect tense
the imperfect tense
the pluperfect tense
indirect speech forms
the comparative and superlative

Chapter 2 — the future tense
the future perfect tense
the conditional tense (+*si* constructions)
the conditional perfect tense
transition from adjectives to adverbs/adverbial phrases
object pronouns and agreements

Chapter 3 — *pendant/depuis/pour*+expressions of time
the different adjectival forms of *tout*
the different forms of *ce*
de/de la/du/des

Chapter 4 — the past historic tense
the different forms of *lequel*
qui/que/dont

Chapter 5 — the different forms of *celui/celle*
à → y / de → en
faire+infinitive and rules concerning agreements and pronouns
rendre and *laisser*

Chapter 6 — *après avoir/être/s'être*+past participle
ayant/étant+past participle
constructions followed by *de*+infinitive (*sur le point*...etc)

Chapter 7 — the further uses of *tout*
the different forms of *tel*
chaque/chacun
word order with interrogatives
the possessive pronouns (*le mien*, etc)

Chapter 8 — the passive and avoidance of the passive via *on* (+dative pronouns)
the three major *si* constructions
the adverbial use of *tout*
word order with negatives
nationalities and languages

Chapter 9 — *quelqu'un/quelque chose de*+adjective
the past anterior tense
quelconque/quiconque
n'importe+constructions
infinitive constructions
parts of the body and descriptive expressions

Chapter 10 — the present subjunctive
the perfect subjunctive
the imperfect subjunctive (3rd person forms only)
the pluperfect subjunctive (3rd person forms only)
expressions requiring the subjunctive

In addition to the above, all tenses are continually revised and verb constructions and prepositions are tested throughout the book and summarised, together with idioms, in the sections entitled 'SUIVONS LE COURANT!'

CHAPITRE 1

L'espace: la dernière frontière

I En attendant l'OVNI

«Rendez-vous le 15 août 1980» ont promis les extra-terrestres. C'est du moins ce que trois jeunes gens de Cergy-Pontoise ont compris après l'enlèvement par un OVNI (objet volant non identifié) d'un d'entre eux au mois de novembre 1979.

A cette date, vers quatre heures du matin, tous les trois se préparaient à partir en voiture au marché de Gisors, pour y vendre des vêtements. C'était Franck qui vérifiait l'huile pendant que ses deux camarades chargeaient le coffre. Soudain ils ont remarqué que Franck n'était plus là, et il est resté huit jours invisible, kidnappé – à leur avis – par un OVNI.

Quand le jeune homme est revenu ‹sur terre›, les gendarmes l'ont interrogé. Il leur a confirmé son séjour chez les extra-terrestres, puis il a répété la même chose sous hypnose aux ‹ufologues› à l'Institut Mondial des Sciences Avancées de Marseille. Voici pourquoi des centaines de personnes se sont alignées au milieu d'un champ de choux à Cergy-Pontoise en attendant l'arrivée de l'OVNI le jour en question...

Tout d'un coup un chien a aboyé furieusement et un orage a éclaté. L'OVNI s'approchait-il de la foule? Cependant l'orage s'est éloigné et la tension a baissé. Des bruits commençaient à circuler: «Deux enfants là-bas ont vu trois cigares rouges dans le ciel!» «Chez mon voisin des robinets se sont ouverts tout seuls et des tables de marbre impossibles à soulever se sont mises à danser!» «On dit que ce sont des forces du Bien d'une autre planète qui viennent nous apprendre la sagesse!»

Un homme a trouvé un trèfle à quatre feuilles dans le champ: un porte-bonheur peut-être?

Les gens ont passé toute la journée à contempler le ciel: «C'est là qu'ils sont venus, c'est là qu'ils vont revenir...»

(‹En attendant l'OVNI› par Rosemonde Pujol *Le Figaro*)

(A) *Répondez en français aux questions suivantes:*

1 Selon les trois jeunes gens, qu'est-ce qui a enlevé Franck?
2 Qu'allaient-ils faire au marché de Gisors ce jour-là?
3 Depuis combien de temps Franck était-il absent avant de revenir ‹sur terre›?
4 A qui a-t-il décrit son aventure parmi les extra-terrestres?
5 Pourquoi la foule s'est-elle rassemblée à Cergy-Pontoise?
6 Pour quelles raisons croyait-on que l'OVNI était tout près?
7 Combien de cigares rouges les enfants ont-ils vus dans le ciel?
8 Qu'est-ce que les extra-terrestres venaient peut-être apprendre aux habitants de la Terre?

9 Où l'homme a-t-il trouvé son porte-bonheur?
10 Pendant combien de temps est-ce qu'on a regardé le ciel?

(B) *Relevez du passage un synonyme aux termes désignés:*

1 **une tempête** a éclaté
2 **à leur opinion**
3 **tout d'un coup** ils ont remarqué
4 **à environ** quatre heures du matin
5 C'était Franck qui **examinait** l'huile

(C) *Relevez du passage le contraire des termes désignés:*

1 l'OVNI **s'éloignait**-il **de** la foule?
2 ce sont des forces **du Mal**
3 en attendant **le départ** de l'OVNI
4 des robinets **se sont fermés**
5 la tension a **augmenté**

(D) *Inventez une phrase au passé composé en utilisant les termes suivants:*

Modèle gendarme / promettre / rendez-vous / trois camarades
→ **Le gendarme a promis un rendez-vous aux trois camarades.**

1 foule / attendre / OVNI / champ
2 tout d'un coup / remarquer / cigare / ciel
3 cependant / bruit / se mettre à / circuler
4 extra-terrestres / enlever / voisin / quatre heures

(E) *Complétez le tableau ci-dessous:*

interroger	⟷	interrogation
enlever	⟷	
	⟷	attente
séjourner	⟷	
	⟷	vérification
hypnotiser	⟷	

II L'homme dans l'univers

LES PREMIERS PAS...

Comment Armstrong disait-il, déjà? «Un grand bond pour l'humanité!» La phrase est restée car elle était ‹en situation›. Pour les 500 millions de téléspectateurs qui regardaient, le souffle court, l'alunissage des astronautes américains, l'humanité changeait d'Histoire, elle pénétrait dans son ère extra-terrestre.

Le Dr Thomas Paine, patron de la NASA, a dit que la conquête de la Lune représentait le début d'une nouvelle phase de l'évolution animale: «Cela va changer complètement notre conception de la place de l'homme dans l'univers,» a-t-il ajouté. George Muller, le responsable des vols habités, a affirmé que le but prochain des explorations interplanétaires était presque certainement Mars.

A l'origine du programme, la NASA avait décidé de faire vingt vols avant de voyager à la Lune: mais dès le onzième vol elle y avait déjà réussi...

Les astronautes étaient partis, avaient aluni sans aucune difficulté, étaient descendus de leur capsule, et s'étaient dirigés vers un endroit convenable dans la mer de la Tranquillité où ils avaient planté la bannière étoilée. Ensuite ils avaient ramassé des pierres pour le grand laboratoire à Houston construit pour étudier de telles trouvailles. Ils étaient rentrés dans leur capsule et étaient montés dans la cabine – ils avaient conquis la Lune!

(‹La lune au rancart› par François de Closets *L'Express*)

(A) *Answer the questions in English:*

1 Why did Armstrong's comment remain so memorable?
2 How did the television viewers show their excitement as they watched the moon-landing?
3 What was the importance of the event for the history of mankind?
4 Which job did George Muller hold at NASA?
5 How soon did he expect investigation of the planet Mars to begin?
6 When had NASA first hoped to explore the Moon?
7 At what stage had they in fact reached this point?
8 What had the moon-landing been like?
9 Where had the astronauts placed the American flag?
10 Why had the Houston laboratory been built?

(B) *Trouvez dans le passage le terme qui convient:*

1 Quelque chose d'important qu'on découvre, c'est une . . .
2 Sauter, c'est faire un . . .
3 Atteindre son objectif, c'est arriver à son . . .
4 Aller dans la direction d'une ville, c'est . . . vers une ville.
5 Dire quelque chose en plus, c'est . . .
6 Le commencement d'une histoire, c'est son . . .
7 Ne pas avoir une seule idée, c'est n'avoir . . . idée.

(C) *Vous êtes Armstrong et vous êtes rentré dans la capsule. Ecrivez dans votre journal ce que vous avez fait jusqu'ici en récrivant le dernier paragraphe du texte comme suit:*

Nous sommes partis. . . (etc)

(D) *Vous êtes journaliste. Rapportez ce que les gens ont dit:*

Modèle 1 «Le voyage est très facile,» a-t-elle dit.
→ **Elle a dit que le voyage était très facile.**

Modèle 2 «J'ai déjà planté la bannière,» a dit l'astronaute.
→ **L'astronaute a dit qu'il avait déjà planté la bannière.**

1 «Les astronautes sont en bonne santé,» a-t-il dit.
2 «La capsule a déjà aluni,» a annoncé la NASA.
3 «Nous sommes arrivés à l'heure prévue,» ont-ils dit.
4 «Les pierres de la Lune ne pèsent pas beaucoup,» a affirmé Armstrong.
5 «D'abord je me suis promené un peu,» a-t-il dit.
6 «De notre position sur la Lune nous avons vu la Grande Muraille de Chine,» ont dit les astronautes.
7 «Il n'y a pas d'eau dans la mer de la Tranquillité!» a constaté un téléspectateur.

(E) *Au-delà de la Lune*
Répondez en phrases complètes aux questions sur les planètes telles qu'elles sont représentées sur l'image:

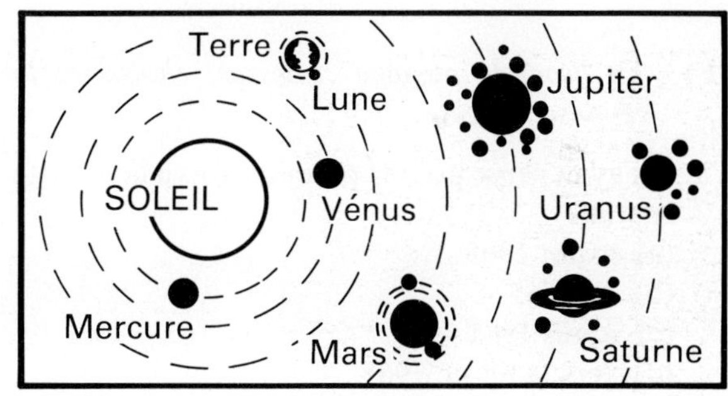

1 Est-ce que Saturne est plus petite que Vénus?
2 Est-ce que les lunes de Jupiter sont moins nombreuses que les lunes d'Uranus?
3 Le Soleil est-il plus proche de la Terre que la Lune?
4 Est-ce que Mars a la moins grande orbite?
5 Est-ce que Jupiter est la plus petite planète du système solaire?
6 Est-ce que Mercure est la planète la plus éloignée du Soleil?
7 La Terre est-elle la planète la plus proche de Mars?

La navette spatiale se séparant pour la première fois de son porteur, un Boeing 747.

La deuxième étape: la capsule se sépare de la navette.

POUR FAIRE LA NAVETTE...

Dès 1965, les ingénieurs de la NASA avaient commencé à penser à une navette spatiale. A l'époque, ils construisaient les fusées Saturne qui devaient lancer les capsules Apollo vers la Lune.

Et déjà, ils constataient que l'idée d'une fusée n'était pas très logique: chaque Saturne a coûté 500 millions de francs, et n'a servi qu'une fois!

Le problème est que, pour échapper à l'attraction terrestre, il faut atteindre une très grande vitesse: 28000 kilomètres à l'heure pour se mettre en orbite, 41 000 km/h pour s'élancer vers une autre planète. C'est-à-dire qu'il faut dépenser une énorme quantité de carburant.

Même les fusées modernes, comme Ariane, brûlent 190 tonnes de combustible pour mettre en orbite (autour de la Terre) un satellite de seulement une tonne.

Et bien sûr, pour ne pas augmenter encore la dépense de combustible, les fusées qu'on construit sont les plus légères possibles, ce qui les rend fragiles et incapables de redescendre intactes vers la Terre après avoir été dans l'espace. C'est pourquoi, après de longues études, la NASA vient de décider qu'il est beaucoup plus logique de lancer vers le cosmos . . . un avion.

(‹La Navette Spatiale› *Téléjunior*)

(F) *En lisant le passage ci-dessus, choisissez la réponse correcte:*

1 On avait pensé pour la première fois à la navette spatiale
(a) avant 1965
(b) en 1965
(c) après 1965
(d) vers la fin de 1965

2 Les fusées Saturne étaient construites pour
(a) voyager à la Lune
(b) rester dans l'espace
(c) envoyer des capsules à la Lune
(d) servir de satellites

3 Chaque fusée Saturne a été utilisée
(a) une fois seulement
(b) deux fois
(c) souvent
(d) plusieurs fois

4 La fusée échappe à l'attraction terrestre
(a) en se mettant en orbite
(b) en attendant l'attraction de la Lune
(c) en s'élançant vers une autre planète
(d) en accélérant rapidement

5 La mise en orbite nécessite
(a) de grands carburateurs
(b) une tonne de carburant
(c) beaucoup de combustible
(d) une vitesse de 41 000 km/h

6 Le poids de combustible brûlé pour mettre en orbite un satellite est
(a) moins grand que le poids du satellite
(b) plus grand que le poids du satellite
(c) aussi grand que le poids du satellite
(d) le plus grand possible

7 Quand on construit une fusée, on essaie de
(a) ne pas considérer la dépense
(b) ne pas augmenter la vitesse
(c) ne pas trop dépenser
(d) ne pas la rendre fragile

8 La technique de construire une fusée consiste à
(a) la rendre très légère
(b) la rendre fragile
(c) adapter un avion
(d) la rendre incapable de redescendre intacte vers la Terre

(G) *Complétez les phrases suivantes sans regarder le texte:*

1 Et bien sûr, pour – – augmenter encore la dépense de combustible, les fusées qu'on construit sont – – légères possibles.
2 Chaque Saturne a coûté 500 millions – francs, et n'a servi – une fois!
3 – 1965, les ingénieurs de la NASA avaient commencé – penser – une navette spatiale.
4 C'est pourquoi, après – longues études, la NASA – – décider qu'il est beaucoup plus logique – lancer vers le cosmos... un avion.
5 Il faut – une très grande vitesse: 28000 kilomètres – l'heure – se mettre – orbite.

III Science-fiction

Albator, explorateur de l'espace, et son ami, Ramis, viennent de trouver l'épave de la fusée perdue du capitaine Tornadeo...

(A) *Vrai ou faux?*
En regardant la bande dessinée, décidez si les phrases suivantes sont vraies ou fausses:

Dessin 1 Les deux explorateurs sont à bord d'une fusée qui vient d'être frappée par une météorite.
Dessin 2 Aucun membre de l'équipage n'est dans la fusée.
Dessin 3 Le capitaine mort n'a rien à la main.
Dessin 4 Les deux amis restent dans l'épave.
Dessin 5 Ce sont les Silvydres qui ont tué le capitaine Tornadeo.
Dessin 6 Albator et ses compagnons ont promis de protéger la Terre contre tous ses ennemis.

Albator, explorateur de l'espace

(B) *Jouons des rôles!*

Vous êtes journaliste et votre professeur est Albator: à vous de lui poser des questions sur ses aventures et ses projets pour l'avenir.

IV Tremplin

(A) *Les mots bizarres ci-dessous sont les anagrammes de quelques termes dans le chapitre. Trouvez les solutions:*

1 LEIFULE	(d'un arbre, d'une plante, de papier?)
2 FECROF	(pour les bagages qui voyagent?)
3 TRIBU	(rumeur peut-être?)
4 RUEVELOS	(faire monter)
5 NEMERITANTCE	(sans aucun doute)
6 OPANCHIR	(le suivant)
7 GREENIUIN	(il travaille dans l'électronique peut-être)
8 TIREDUE	(examiner à l'école peut-être)
9 ELTEPAN	(‹Voyageur› en a visité plusieurs)
10 UNATOASTERS	(ils ne sont pas toujours sur terre!)
11 VRUINES	(les 9 et les 10: on les y trouve)
12 EVENTAT	(aller et retour?)
13 GEPAIQUE	(le personnel à bord)
14 PARUSOLEXTER	(aux pays ou planètes: ils vont à la découverte)

(B) *Rencontre du troisième type*

La classe se divise en paires: chaque paire doit inventer un dialogue entre un habitant de la Terre et un extra-terrestre qui l'interroge. (Parlez de l'homme typique, de la vie sur la Terre, des objets qu'on voit tous les jours, des machines, des moyens de transport, et ainsi de suite.)

SUIVONS LE COURANT!

+ INFINITIVE

apprendre à – to learn to
avoir l'intention de – to intend to
commencer à (ou 'de') – to begin to
consister à – to consist in
décider de – to decide to
essayer de – to try to
faire semblant de – to pretend to
se mettre à – to start to
passer son temps à – to spend one's time
se préparer à – to get ready to
promettre (à qqn) de – to promise to
réussir à – to manage to, succeed in
venir de – to have just

+ SUBSTANTIVE

s'approcher de – to draw near, come up to
changer de – to change (one thing for another)
charger de – to load with
se dégager de – to free oneself from
descendre de – to get out of, down from
se diriger vers – to head towards
échapper à – to escape from, avoid
s'élancer vers – to rush towards
s'éloigner de – to move away from
(r)entrer dans – to go (back) into
s'intéresser à – to be interested in
monter dans – to get into
pénétrer dans – to move, journey into
penser à – to think of, about
ressembler à – to look like, resemble
servir de – to be used as
se servir de – to make use of

(C) *Translate the interview into English:*

Journaliste: Alors, c'est vers 4 heures du matin que vous avez repéré l'OVNI? D'où venait-il, à votre avis?

Jean-Marc Tourn: Je n'en sais rien, moi. C'était pendant l'orage. Enfin j'étais dans ma chambre tout près de la fenêtre, quand soudain j'ai remarqué quelque chose d'étonnant contre le ciel. On aurait dit un avion en forme de cigare. Ça a dû être des extra-terrestres, quoi. Il y en a qui disent qu'il s'agit de forces inconnues venues de l'espace, capables de nous apprendre à mieux vivre.

Journaliste: Et l'objet volant? Décrivez-le-moi exactement. Ses dimensions, par exemple?

Jean-Marc Tourn: Eh bien, disons que c'était bien plus grand qu'un avion ordinaire. A part ça, il n'avait rien d'anormal sauf la couleur de la fumée qui traînait derrière lui. Je vous raconte tout simplement ce que j'ai vu de loin. Je ne suis pas ufologue, voyons.

(D) *Traduisez les phrases suivantes en français:*

1 For several years she had been hoping to become an astronaut.
2 When they were young, they would spend their time reading comics.
3 We decided to watch the moon-landing on the television.
4 The Americans say that they have just built the largest rocket in the world.
5 She intends to get to the laboratory as quickly as possible.
6 He had begun to study the planets as early as his eighth birthday.
7 "I've learned to identify UFOs", said the man, "you simply have to look for red lights in the night sky."

(E) *Rédaction*

1 Racontez au temps passé l'histoire représentée dans la bande dessinée à la page 5. (*130 à 140 mots*)
2 Vous êtes ufologue. Reproduisez une page de votre journal où vous racontez une aventure étonnante qui vous est arrivée.

(F) *Débat et dissertation*

‹Les extra-terrestres existent-ils? Comment sont-ils et quelles sont leurs intentions?›

(G) *Listen to the passage that your teacher is now going to read and then answer the questions as instructed:*

1 When did the history of UFOs begin? (2)
2 What are the profession and nationality of Kenneth Arnold? (2)
3 What did he sight, and what did they resemble? (2)
4 How many witnesses have since reported sightings throughout the world? (2)
5 What are the statistics for sightings in France? (2)
6 Where exactly does M. René Loti live? (3)
7 What does he look like? (1)
8 Where was he born and what did he do before 1949? (2)
9 How old was he when he changed profession and what did he become? (2)
10 What was his reaction when he heard about the sightings of Kenneth Arnold? (2)
11 How does René Loti feel about UFOs now, and why? (2)
12 Name the four ways in which UFOs are being commercialised. (4)
13 What does M. Loti say about today's enthusiasts? (2)
14 How have recent studies suggested that he is right? (2)

Total (30)

DANS LE MÊME BAIN!

(H) *Consultez le tableau ‹SUIVONS LE COURANT!› pour trouver l'expression qui convient chaque fois* (attention aux temps!):

Samedi après-midi Georges et sa femme Brigitte —— arriver en ville dans leur voiture neuve pour faire des courses. Georges —— conduire l'année précédente. Comme ils —— centre de la ville en cherchant un endroit pour garer la voiture, Brigitte —— la robe élégante qu'elle —— acheter.

Sur le trottoir Gaston et son copain causaient en faisant des gestes. Ils aimaient ——— pêcher et il y avait toujours beaucoup à dire là-dessus: les gros poissons qui, malheureusement, ——— leur ligne à pêche, l'appât dont ils ———, et ainsi de suite.

«Ce matin un pêcheur à côté de moi ——— attraper un poisson gros comme ça,» a dit Gaston, en indiquant sa longueur de ses bras. A ce moment-là Georges et Brigitte sont arrivés à l'endroit. Georges ——— faire marche arrière...

Maintenant continuez l'histoire en consultant les images et le schéma:

Dessin 1 difficulté – observation de Brigitte – continuer à reculer

Dessin 2 gestes moins grands de Gaston – tourner brusquement le volant

Dessin 3 geste plus grand de Gaston – accélérer – bruit affreux – heurter violemment le pare-chocs et un phare – coffre et feux endommagés – quel malentendu!

CHAPITRE 2

A votre place (. . . et notre avenir)

I Les Astres vous prédisent

Voici votre horoscope pour la semaine:

Verseau

(20 janvier – 18 février)
Vous trouverez le temps de songer un peu à votre vie personnelle et elle en sera enrichie. Vous devrez avoir confiance en vous, si vous espérez réussir dans vos projets. *Conseil*: Ayez du courage!

Poissons

(19 février – 20 mars)
Vous aurez une semaine assez banale en apparence, mais si vous êtes patient, le week-end pourra vous surprendre agréablement: une rencontre, un(e) nouvel(le) ami(e), peut-être. *Conseil*: Occupez-vous de lui (d'elle) et n'hésitez pas à proposer une promenade!

Bélier

(21 mars – 20 avril)
Vous passerez quelques journées extrêmement heureuses où vous verrez se réaliser un rêve qui vous préoccupe depuis longtemps. Vous connaîtrez une harmonie parfaite avec vos copains et vos copines. *Conseil*: Amusez-vous bien!

Taureau

(21 avril – 20 mai)
Soyez réaliste! Sinon, vous vous rendrez compte que vous n'aurez rien fait de la semaine. *Conseil*: S'il y a une déception, il faudra garder le moral.

Gémeaux

(21 mai – 21 juin)
Quelqu'un vous enverra une lettre inattendue qui vous plaira. Ce sera une semaine où tout ira au devant de vos désirs et qui répondra à tous vos besoins. *Conseil*: Ne vous inquiétez pas!

Cancer

(22 juin – 22 juillet)
Vous recevrez des nouvelles qui vous donneront un plaisir tout particulier. Elles risqueront de vous faire modifier votre programme social. Peut-être obtiendrez-vous de bons résultats dans votre travail.

Lion

(23 juillet – 22 août)
Les amours bénéficieront de l'influence de Neptune sur Vénus. *Conseil*: Apprenez à être plus compréhensif, et vous finirez par établir des relations intéressantes.

Vierge

(23 août – 22 septembre)
Votre idéalisme vous empêche de trouver la vraie joie. Vous serez moins timide, et ainsi vous saurez rendre la vie plus facile. *Conseil*: Faites tout ce que vous voudrez. Dans quelques jours vous serez devenu plus à l'aise.

Balance

(23 septembre – 22 octobre)
C'en est fini de la morosité, car les planètes vous aident à la surmonter cette semaine. Quand vous vous en rendrez compte, vous deviendrez plus détendu et, par conséquent, moins pessimiste.

Scorpion

(23 octobre – 21 novembre)
Dès que vous aurez compris la nécessité de ne pas trop critiquer vos amis, vous mènerez une vie plus reposante pour eux et pour vous. *Conseil*: Faites-leur confiance!

Sagittaire

(22 novembre – 20 décembre)
Les heureuses influences de la semaine dernière ne se répéteront pas pour le moment. Une nouvelle inquiétante vous rappellera à l'ordre et vous fera penser à l'important dans votre vie.

Capricorne

(21 décembre – 19 janvier)
Votre bonheur dépend de votre attitude envers vos camarades. Vous vous ennuierez, si vous ne participez pas à leurs activités. Peut-être qu'une nouvelle liaison se produira.

Madame Zara

(A) *Vous avez lu les prédictions de Madame Zara. Votre soeur veut tout savoir sur ses camarades de classe, et elle vous pose des questions. Répondez-lui:*

1 «Pierre est un Poissons typique; que dit-on de sa semaine?»
2 «Monique est Verseau. Elle a des projets importants en ce moment: comment est-ce qu'elle les réussira?»
3 «Brigitte et Sabine sont de vrais Scorpions toutes les deux! Quand apprendront-elles à vivre d'une façon plus reposante?»
4 «Je vais sortir avec Michel dans quelques jours. Sera-t-il aussi timide que d'habitude? Son signe est Vierge.»
5 «Et moi! Je n'y crois pas, bien sûr, mais si j'essaie d'être plus compréhensive envers Michel, qu'est-ce qui m'arrivera en tant que Lion, selon Madame Zara?»

(B) *On lit son horoscope. On se promet de suivre les conseils de Madame Zara. Qu'est-ce qu'on se dit?*

Modèle Un Verseau typique: **«J'aurai du courage.»**

1 Un Poissons typique:
2 Un Bélier typique:
3 Un Taureau typique:
4 Un Gémeaux typique:
5 Un Lion typique:
6 Un Vierge typique:
7 Un Scorpion typique:

(C) *En relisant les horoscopes, complétez les prédictions suivantes (utilisez le verbe indiqué):*

Modèle D'ici une semaine le Cancer typique AURA OBTENU de bons résultats dans son travail, peut-être. (obtenir)

1 D'ici une semaine le Balance typique —— plus détendu. (devenir)
2 D'ici une semaine le Sagittaire typique —— à l'important dans sa vie. (penser)
3 D'ici une semaine le Bélier typique —— se réaliser un rêve. (voir)
4 D'ici une semaine le Capricorne typique —— aux activités de ses camarades. (participer)
5 D'ici une semaine tout —— au devant des désirs du Gémeaux typique. (aller)
6 D'ici une semaine beaucoup de Poissons typiques —— d'un nouvel ami. (s'occuper)
7 D'ici une semaine quelques Lions typiques —— des relations intéressantes. (établir)

II Les adolescents jugent leurs parents . . .

Avoir quinze, seize ou dix-sept ans dans les années quatre-vingts est-ce piaffer d'impatience en attendant de pouvoir enfin quitter papa et maman? Est-ce supporter les adultes parce qu'on ne peut pas faire autrement? Ou bien est-ce exactement le contraire?

Suivant une enquête réalisée récemment auprès des adolescents de divers horizons par la JIC (Jeunesse des milieux indépendants chrétiens), il paraît que les jeunes Français sont plutôt contents de leurs parents. Thème du sondage: la famille. Succès: immense. 80000 questionnaires distribués dans toute la France et passionnément commentés. 3000 des réponses des garçons et des filles de 15 à 18 ans triées par ordinateur. Résultats: pas tristes du tout! Quand les jeunes parlent de papa–maman, de l'autorité et des conflits, des bons et mauvais moments de la vie familiale, bien des idées reçues disparaissent ou se nuancent et notamment les plus moroses.

(A) *Answer the questions in English:*

1 What did the JIC do recently?
2 What do the majority of young people in France seem to feel about their parents?
3 How did the JIC obtain its information?
4 Whose questionnaires were given detailed examination?
5 How was the information sorted out?
6 What was commented on?
7 What do the results indicate about many old prejudices?

— Ne cherchez pas à comprendre, je suis à l'âge ingrat, c'est tout!... (Gad)

«Votre famille est-elle une oasis ou un désert?» demandait la JIC aux adolescents... Et, plus précisément: «Votre relation avec vos parents est-elle bonne, bloquée, nulle ou supertendue?»

Réponses:

bonne	74%	nulle	3%	sans réponse	5%
bloquée	15%	supertendue	3%		

Grand ‹ouf› côté parents! «Vous voyez comme on est bien, ‹sympa›, comme nos jeunes sont heureux à la maison!...» Un commentateur constate: «Depuis les événements de 1968 les parents ont beaucoup évolué. Ils sont moins crispés. Ils sont passés du type ‹enseignant› au type ‹accompagnateur›». Cependant «parce qu'on s'aime bien, ça ne veut pas dire qu'on ne s'engueule pas,» comme dit Antoine, 17 ans, «ni qu'on se comprend toujours». Ainsi, même si les adolescents reconnaissent à leurs parents des qualités de confiance (49%) et d'intérêt (53%), ils leur reprochent à peu près également leur autoritarisme et leur tendance à chercher la petite bête («Ils veulent toujours que je range ma chambre!»).

(B) *Répondez en français aux questions suivantes:*

1 Qu'est-ce que la JIC a demandé aux adolescents comme première question générale?
2 Comment la plupart des adolescents interrogés trouvent-ils les liens avec leurs parents?
3 D'après le commentateur, de quelles façons l'image des parents a-t-elle changé depuis 1968?
4 Selon Antoine, si tous les membres d'une famille s'aimaient bien, qu'est-ce qu'on ne ferait pas toujours quand même?
5 Quelles sont les qualités (a) positives et (b) négatives que les adolescents ont notées chez leurs parents?

D'autres questions dans le sondage:

(i) Si vous deviez fixer la priorité de vos parents, que serait-elle?
   (a) votre santé (réponse: 38%)
   (b) votre réussite (réponse: 36%)
   (c) vos loisirs (réponse: 12%)
   (d) vos relations (réponse: 10%)
   (e) sans réponse: 4%

(ii) Si vous classiez vos cinq besoins les plus importants, quel en serait l'ordre?
   Ordre le plus populaire: (1) *cigarettes* (un adolescent français sur deux est fumeur) (2) *carburant pour le vélomoteur* (la ville est mal desservie par les transports en commun) (3) *sorties* (cinéma et ‹boîtes›) (4) *café* (consommations et flippers) (5) *disques ou cassettes*.

(iii) Si on vous demandait de citer les bons moments de la vie familiale, à quoi penseriez-vous?
   Réponses parmi les plus intéressantes:
   1 «le repas du dimanche en famille» (ah! la cuisine de maman!)
   2 «le jour où on a aménagé le garage tous ensemble»
   3 «quand mon père a commencé à m'apprendre à conduire»
   4 «le mariage de ma soeur, avec tous les copains»
   5 «les interminables discussions avec la meilleure amie, le bon copain, le grand frère qui-est-super»

(*La Vie*)

(C) *On vous pose les mêmes questions: faites vos propres listes!*

(D) *Si vous étiez à la place de vos parents dans les cas suivants, que feriez-vous?* (Ecrivez une phrase: «Je...etc»)

1 Si votre enfant rentrait à une heure du matin
   (a) vous le battriez
   (b) vous lui défendriez de plus jamais sortir
   (c) vous le feriez coucher à huit heures pendant une semaine entière
   (d) vous lui diriez qu'il devrait vous téléphoner la prochaine fois

2 Si votre enfant sortait avec des amis douteux
   (a) vous les empêcheriez de venir à la maison
   (b) vous lui conseilleriez de trouver d'autres amis
   (c) vous lui demanderiez de les inviter à souper
   (d) vous l'enfermeriez à clef dans sa chambre

3 Si votre enfant disait qu'il allait vous quitter pour mener une vie indépendante
   (a) vous lui proposeriez de discuter l'affaire en famille
   (b) vous ririez de lui
   (c) vous lui offririez de l'argent
   (d) vous auriez une crise cardiaque

4 Si votre enfant avait un accident de vélomoteur assez grave
  (a) vous iriez à l'hôpital le gronder
  (b) vous vous accuseriez
  (c) vous espéreriez que cela ferait partie de son éducation
  (d) vous jetteriez les restes du vélomoteur dans le canal

5 Si vous alliez divorcer d'avec votre époux/épouse
  (a) vous emmèneriez votre enfant avec vous
  (b) vous l'obligeriez à choisir entre ses deux parents
  (c) vous essaieriez de vous réconcilier avec votre époux/épouse
  (d) vous enverriez votre enfant chez ses grands-parents

PLAINTES SUR LES PARENTS

Anne: Je ne peux regarder les films à la télé s'il y a classe le lendemain.

Philippe: Je voulais acheter un vélo de cross avec mon argent, mais mon père trouvait que c'était trop cher. A la place, j'ai acheté un petit magnéto. Je ne peux pas avoir de vélomoteur parce que mes frères n'en avaient pas.

Franck: Ils sont toujours derrière vous. Ils ne comprennent pas assez les jeunes: surtout pour les classes et pour les copains et les copines.

Françoise: Mes parents ne me permettent pas d'aller aux boums. Ils croient qu'il m'arrivera quelque chose de désagréable. On me traite vraiment comme un enfant.

(E) *Sans leurs parents, qu'est-ce que ces jeunes auraient fait?*

1 Anne —— les films à la télé. (regarder)
2 Philippe —— un vélo de cross. (acheter)
3 Franck —— plus facilement ses amis. (choisir)
4 Françoise —— à beaucoup de boums. (aller)
5 A leur avis, tous les quatre —— beaucoup mieux. (se débrouiller)

— Le grand problème actuellement, c'est la délinquance juvénile! (A.L.I.)

III

(A) *Après avoir regardé les dessins du chapitre, faites votre propre dessin et votre propre légende humoristiques au sujet du conflit familial.*

(B) *Comblez les vides:*

personnel	→	personnellement
exact	→	
	←	parfaitement
vrai	→	
	←	désagréablement
passionné	→	
	←	patiemment
	←	heureusement
précis	→	
	←	indépendamment

(C) *Complétez les phrases ci-dessous:*

Modèle Michel et Jean sont **timides**: ils parlent d'une manière timide.

1 Les professeurs sont ——: ils enseignent d'une manière intéressante.
2 Les astrologues sont ——: ils traitent les gens d'une manière compréhensive.
3 Les adolescents sont souvent ——: ils mènent leur vie d'une manière détendue.
4 Certaines nouvelles sont ——: elles vous frappent d'une manière inquiétante.
5 Certains jeunes ne sont pas très ——: ils n'agissent pas d'une manière très positive.

(D) *Créez une phrase en utilisant les termes suivants:*

Modèle: horoscope / enrichir / vie / conseil

→ Un horoscope peut enrichir la vie grâce à ses conseils.

1 rencontre / banal / en apparence / surprendre
2 rêve / harmonie / parfaite / se réaliser
3 devant / déception / inattendu / garder / moral
4 risquer de / obtenir / résultat / travail
5 surmonter / morosité / devenir / compréhensif

NE PERDEZ PAS PIED!

(E) (i) *Choisissez le terme correct entre parenthèses:*

1 Mme. Zara —— des prédictions depuis 15 ans.
(a fait / fera / fait / ferait)
2 Anne —— de mettre la télévision quand sa mère lui a dit de sortir.
(vient / était venue / viendra / venait)
3 Tu as toujours fait confiance à tes parents?
— Oui, je —— ai toujours fait confiance.
(eux / leur / les / ils)
4 Vous avez montré les prédictions à votre professeur? — Oui, nous —— —— avons montrées.
(vous les / vous leur / les lui / les leur)
5 La mère s'est —— après l'accident de son fils.
(accusée / accusé / accusait / accusez)
6 Selon Mme. Zara, le Taureau typique devrait être —— réaliste —— d'habitude.
(moins...de / moins...que / plus...de / plus...que)
7 D'après les résultats du sondage, l'achat des disques est —— moins populaire —— cinq besoins.
(la...des / la...que / le...que / le...des)

(ii) *Récrivez les phrases en transformant les noms indiqués en pronoms:*

Modèle Il a fermé **la porte.** → **Il l'a fermée.**

1 Jean-Pierre a quitté **l'école** à trois heures.
2 Il a pris **l'autobus.**
3 Il est arrivé **chez son amie, Janine.**
4 Il est descendu **de l'autobus.**
5 Il a dit «bonjour» **à Janine** et il s'est assis **sur le canapé.**
6 La mère de Janine a offert **des gâteaux aux deux jeunes.**
7 «Nous avons mangé **des gâteaux pareils à la boum,** n'est-ce pas?» a dit Janine.
8 «J'ai vu **ta soeur** hier,» a dit Janine **à Jean-Pierre.**

— Tu devrais aussi laisser pousser ta barbe, ça fait plus viril!... (Gad)

9 «Tu as montré **tes photos à ma soeur?**» a demandé Jean-Pierre.

10 «Oui, mais je ne t'ai pas encore montré **mes photos,**» a dit Janine.

11 «A propos, on ne nous a pas encore envoyé **les disques** ,» a dit Jean-Pierre.

12 A ce moment-là maman est entrée chercher **la vaisselle** et a dit: «Avez-vous mangé **les gâteaux?**»

(iii) *Répondez aux questions, suivant l'exemple ci-dessous:*

Modèle Tu as acheté une nouvelle armoire pour ta chambre?
→ Oui, viens voir **l'armoire que j'ai achetée.**

1 Tu as trouvé des affiches pour ta chambre?
Oui, viens voir...

2 Tu as installé une chaîne stéréo dans ta chambre?
Oui, viens voir...

3 Tu as choisi de grands coussins pour ta chambre?
Oui, viens voir...

4 Tu as mis une commode au coin de la chambre?
Oui, viens voir...

5 Tu as pris de jolis rideaux au grand magasin?
Oui, viens voir...

(F) *Trop tard!*
Regardez les observations sur les situations dépeintes sur les images ci-dessous:

1 Elle aurait dû apprendre à nager!

2 Nous aurions pu prendre le train!

3 Il aurait voulu rester à la maison!

4 Ils auraient su se débrouiller sans le bébé!

Suivant les exemples ci-dessus, inventez vos propres observations sur ces images:

IV Tremplin

(A) *Trouvez la brebis galeuse de la famille:*

1 une enquête, un sondage, un questionnaire, un ordinateur
2 suivant, d'après, depuis, selon
3 sans, auprès de, chez, parmi
4 constater, noter, trier, remarquer
5 bien des, peu de, beaucoup de, la plupart des
6 évoluer, se nuancer, modifier, disparaître
7 morose, heureux, triste, pessimiste
8 transports en commun, vélomoteur, voiture, moto
9 relation, liaison, lien, conflit
10 supertendu, bloqué, sympa, crispé

(B) *Oral*

Divisez-vous en paires. Chaque paire doit écrire un petit sondage dans lequel on trouve des questions sur la vie familiale, les loisirs et les besoins des adolescents. Circulez les différents sondages dans la classe et répondez oralement aux questions.

SUIVONS LE COURANT!

aider (qqn) à – to help (s.o.) to
attendre de – to wait to
avoir tendance à – to tend to
conseiller (à qqn) de – to advise (s.o.) to
défendre (à qqn) de – to forbid (s.o.) to, to tell (s.o.) not to
demander (à qqn) de – to ask (s.o.) to
dire (à qqn) de – to tell (s.o.) to
empêcher (qqn) de – to prevent (s.o.) from
finir de – to finish, end
finir par – to end up by, to eventually (do s.th.)
hésiter à – to hesitate to
obliger (qqn) à – to force (s.o.) to
permettre (à qqn) de – to allow (s.o.) to
proposer (à qqn) de – to suggest (to s.o.) doing s.th.
risquer de – to be likely to

+ INFI

avoir confiance en – to trust in
faire confiance à – to trust in
bénéficier de – to benefit from
croire à – to believe in
dépendre de – to depend on
manquer de – to lack
s'occuper de – to look after, see to
offrir (qqch à qqn) – to offer (s.th. to s.o.)
parler de – to talk about
participer à – to take part in
penser de – to have an opinion about
plaire à – to please, appeal to
profiter de – to take advantage of
se rendre compte de – to realise, understand
répondre à – to answer
reprocher (qqch à qqn) – to hold (s.th. against s.o.)/blame s.o.
réussir dans – to succeed in
rire de – to laugh at
songer à – to daydream about

+ SUBSTAN

(C) *En vous servant du schéma ci-dessous, écrivez une histoire de 130 à 140 mots sur les images qui suivent :*

Pauline – ne pas avoir faim – réaction de sa mère – monter à sa chambre – commencer à jouer ses disques – arrivée de son père – musique trop forte – sortir au café – s'ennuyer – décider de faire un coup de téléphone

(D) *Translate into English:*

En lisant son horoscope pour la semaine, Simone a trouvé le conseil: «N'ayez pas peur de vos parents. Cependant, il vaut mieux quelquefois ne rien dire qui les provoque. Vous vous débrouillerez.»

Elle a laissé tomber le journal sur sa table de chevet et s'est mise à penser à un avenir où elle serait moins dépendante de ses parents.

A ce moment-là elle a entendu frapper à la porte de sa chambre et sa mère qui criait— Il faut absolument te lever! N'oublie pas que cette année tu as classe le samedi. D'ici vingt minutes ton autobus sera parti!

— Ne t'en fais pas, Maman. J'arrive.

Simone s'est habillée à la hâte et, après avoir jeté un coup d'oeil fugitif sur le désordre qui l'entourait, a haussé les épaules et est descendue sans même ranger son lit.

Elle était sur le point de sortir quand sa mère s'est exclamée:

— Mais tu ne déjeunes pas donc? Qu'est-ce que ton père en dira quand je lui raconterai tout ça?

Simone, qui retenait toujours ce qu'elle avait lu avant de se lever, n'a rien répondu. Elle est sortie en claquant la porte derrière elle. Elle s'était vraiment levée du pied gauche ce matin-là!

(E) *Traduisez en français:*

1 Philippe said that his parents trusted him but that they didn't always make his life easy.
2 If I had said that, she would have laughed at me.
3 When you're a father, you'll want to give your children advice.
4 He told them not to go out on their moped during the storm.
5 If they don't tidy their room, they won't go out this evening.
6 Don't worry! She'll have forgotten it in a week's time.
7 If your son or daughter didn't come home one evening, you'd call the police, wouldn't you?

(F) *Ecoutez l'histoire que votre professeur va vous lire, puis choisissez les réponses correctes :*

1 Madame Durand avait besoin d'une voiture
(a) pour aller à la campagne
(b) pour participer à des courses
(c) pour faire son marché
(d) pour aller voir sa mère

2 Monsieur Durand a offert de
(a) payer ses leçons de conduite
(b) lui apprendre à conduire
(c) la conduire lui-même
(d) l'envoyer à une école de mécanique

3 Il doutait de
(a) la patience de sa femme
(b) sa compétence au volant
(c) sa capacité d'éviter la police
(d) ses intentions sérieuses

4 Pendant les premiers mois
(a) rien ne s'est passé
(b) elle a passé plusieurs examens
(c) elle a passé tout son temps au volant
(d) elle a fait des progrès

5 Elle avait beaucoup
(a) de méfiance
(b) de confiance
(c) d'orgueil
(d) de patience

6 Elle a appris
(a) les règles de conduire
(b) un code spécial
(c) les noms de toutes les routes
(d) la route de son examen de conduite

7 M. Durand se sentait
(a) gêné par sa femme
(b) jaloux de sa femme
(c) fier de sa femme
(d) supérieur à sa femme

8 Leurs amis habitaient
(a) à plusieurs kilomètres de leur maison
(b) à environ cent kilomètres de leur maison
(c) à cent kilomètres de leur maison
(d) à une cinquantaine de kilomètres de leur maison

9 Les deux hommes ont commencé à travailler
(a) le jour du départ de la mère
(b) la veille de son départ
(c) le surlendemain de son départ
(d) le jour après son départ

10 D'abord le bébé
(a) a éclaté de rire
(b) s'est mal conduit
(c) s'est bien conduit
(d) a pleuré

11 Les deux hommes ont essayé
(a) de nourrir le bébé
(b) de tranquilliser le bébé
(c) de faire rire le bébé
(d) d'habiller le bébé

12 Selon M. Durand, le bébé avait besoin
(a) d'un nouveau jouet
(b) d'un grand coup
(c) d'un bijou
(d) d'un grand chou

— Maman m'enlève aussi les chaussures et les chaussettes (Chen)

(G) *Ecoutez l'histoire que votre professeur va vous lire, puis reproduisez-la en pas plus de 140 mots, en vous servant du schéma ci-dessous:*

PAUVRE PAPA!

Claire Lagrange et Paulette – confier un secret – amoureuse de Guy – invitation – chouette! – émotion – parents d'accord – offre de Monsieur Lagrange – coup de téléphone – arrivée de M. Lagrange chez Guy – la rencontre avec Laurent – la réaction de Claire

(H) *Oral*

Divisez-vous en paires pour inventer un dialogue entre un père et un(e) adolescent(e) qui essaie de convaincre celui-là que la maison serait idéale pour une boum. Le père, bien sûr, n'est pas enthousiaste...

(I) *Débat et dissertation*

‹Les rapports parents–enfants: c'est une impasse.›

Que pensez-vous de cet avis d'un adolescent de 15 ans?

DANS LE MÊME BAIN!

(J) *Comment faire fortune!*

1 Vous êtes architecte: on vous demande de faire les plans de la maison qui répondrait à tous les besoins d'une famille de quatre personnes — faites un plan de chaque étage.

2 Votre cousin est agent immobilier. Il offre de faire une description écrite de la maison que vous avez fait construire. Reproduisez-la.

3 Votre cousin a réussi à vendre la maison. Par hasard, sa femme est dessinatrice! Elle accepte de donner des conseils à l'acheteur sur l'ameublement. En utilisant les verbes désignés, indiquez exactement la disposition qu'elle choisirait.

VERBES: pouvoir, devoir, mettre, installer, acheter, poser, ranger

Notre Sélection Immobilière

propriétés

POUR VENDRE OU ACHETER UN COMMERCE OU UN BIEN IMMOBILIER

sans commission

(1) 723.00.07

PIC Presse Immobilière du Commerçant
27, rue Vernet
75008 PARIS.

Dans le centre de Grimaud, à proximité de la place principale, grande belle maison bourgeoise à rénover entièrement, avec un jardin de 600 m^2 environ avec de merveilleux arbres d'agrément. La maison comporte 4 niveaux, mais les trois niveaux inférieurs seuls sont à vendre avec la totalité du jardin en propriété et jouissance exclusive et un cabanon de 16 m^2. Conviendrait également pour commerce. Prix 1 100 000 F.
Renseignements et visites :
Agence de Pampelonne
M. Charles BERNHOLC
83350 RAMATUELLE
Tél. : **(94) 97.10.67**

CHAPITRE 3

Nos très chers animaux

I La mort du dinosaure

> Maîtres de la Terre pendant toute l'ère secondaire, les dinosaures ont disparu brusquement. Mort naturelle ou accident? La question reste posée...

Il y a plus de 200 millions d'années les dinosaures habitaient notre planète. Ils ont peuplé pratiquement tous les continents et toutes les mers, empêchant les autres espèces de se développer. Soudain, après leur grand succès, ils ont disparu. Les seuls descendants de ces grands reptiles à vivre encore aujourd'hui sont les alligators, les crocodiles et...les oiseaux! De quelle manière les dinosaures ont-ils pu disparaître? L'idée la plus récente, c'est que le ciel leur est tombé sur la tête...

On pense qu'un astéroïde énorme a frappé la Terre à une vitesse de 90000km à l'heure, avec l'énergie de 100 millions de bombes 'H', laissant un cratère de 200km de diamètre perdu dans un de nos océans. Les morceaux de roche jetés partout ont formé un nuage de poussière qui a fini par détruire la végétation de la Terre après plusieurs années – il n'y avait plus de nourriture pour les dinosaures mourants.

Mais ces créatures, comment étaient-elles? Le Tyrannosaure mangeait de la viande; il avait les dents fortes, la queue gigantesque et les griffes menaçantes. Le Tricératops mangeait de l'herbe; il avait trois cornes pointues et les pattes un peu comme celles d'un éléphant, mais c'était un animal pacifique. Le Brontosaure était également herbivore; sa queue avait généralement 40m de long, mais son cerveau était le plus petit de tous les dinosaures. On dit que si on marchait sur la queue d'un Brontosaure, il ne réagirait que trois heures plus tard!

(*La Vie*)

(A) *Répondez en français, employant des phrases entières:*

1 Quand est-ce que les dinosaures habitaient la Terre?
2 Est-ce que d'autres espèces d'animaux se sont développées en même temps?
3 Croit-on depuis longtemps que le ciel leur est tombé sur la tête?
4 Quelle était la largeur du cratère?
5 Le nuage a mis combien de temps à tuer la végétation?
6 Le Tyrannosaure était-il herbivore?
7 A quoi ressemblaient les pattes du Tricératops?
8 Le Brontosaure avait-il la queue courte et le cerveau très grand?

(B) *Trouvez dans le passage les mots qui conviennent:*

1 Un animal qui aime la paix, c'est un animal...
2 Agir férocement, c'est agir d'une...féroce.
3 Presque toute la nourriture, c'est...toute la nourriture.
4 Tuer une espèce de plante, c'est...celle-ci.
5 Être menaçant aussi, c'est être...menaçant.
6 Tout d'un coup, c'est...
7 Une réussite importante, c'est un grand...
8 Assurer qu'une espèce continue à vivre, c'est l'...de mourir.

— Une chose est certaine : il n'était pas là hier soir ! (Lavergne)

(C) *Vous assistez à une conférence sur les dinosaures. Voici les réponses que le conférencier a données aux questions qu'on lui a posées: quelles étaient les questions?*

1 «Pendant toute l'ère secondaire.»
2 «Pratiquement tous les continents et toutes les mers.»
3 «Les alligators, les crocodiles et...les oiseaux!»
4 «Environ 90000km à l'heure.»
5 «Parce qu'il n'y avait plus de nourriture pour eux.»
6 «Il en avait trois.»
7 «Il n'était pas très intelligent.»

II Le dauphin

Souriant, intelligent, copain souvent; son royaume, c'est la mer, sans drapeau.

«Cet animal qui aime l'homme pour lui-même,» écrivait Plutarque il y a 2000 ans. Le seul être qui montre une vraie amitié sans s'attendre à une récompense.

Cette amitié pousse le dauphin à ramener sur le rivage un naufragé, à accompagner les bateaux et les guider, à amener les poissons dans les filets des pêcheurs.

De telles anecdotes ne manquent pas. Pourtant, pendant très longtemps, tout le monde a refusé d'y croire. On a confondu les requins et les dauphins, les traitant tous les deux de dangereux. Mieux valait les éviter ou les tuer.

Mais en vérité c'est le meilleur ami de l'homme, un joyeux compagnon qui intrigue les savants depuis bien des années – ces savants fascinés par la mer. De nos jours les enfants s'entendent avec eux aussi facilement qu'avec leurs propres copains. Le dauphin invente des jeux, saute jusqu'à 7 mètres de haut, répond à l'appel de son nom, porte les enfants sur son dos. Certes, ce dauphin restera l'ami le plus fidèle de l'homme pour toujours...s'il survit.

(*La Vie*)

(A) *Choisissez la réponse correcte:*

1 Le dauphin est un animal que l'homme connaît
(a) depuis le temps des dinosaures
(b) depuis plusieurs années
(c) depuis plus de deux mille ans
(d) depuis moins de deux mille ans

2 Le dauphin aime les hommes
(a) à cause de son amitié naturelle
(b) pour pouvoir recevoir une récompense
(c) car il s'attend à être leur seul ami
(d) parce qu'il n'aime pas les autres créatures de la mer

3 Le dauphin est capable
(a) de rester sur le rivage
(b) de détruire des bateaux
(c) d'accompagner les naufragés dans les filets des pêcheurs
(d) d'aider les hommes en détresse

4 Sur les dauphins il y a
(a) un manque d'anecdotes
(b) beaucoup d'anecdotes
(c) tellement peu d'anecdotes
(d) des anecdotes auxquelles on a toujours cru

5 Pendant longtemps les hommes ont cru
(a) que les requins traitaient les dauphins en amis
(b) qu'il fallait éviter les requins et tuer les dauphins
(c) qu'il était dangereux de tuer les dauphins
(d) que les dauphins étaient aussi dangereux que les requins

6 Depuis longtemps les savants
(a) intriguent les dauphins
(b) comprennent les dauphins
(c) s'intéressent aux dauphins
(d) sont les joyeux compagnons des dauphins

7 Les enfants se font copains avec les dauphins
(a) plus vite que les adultes
(b) moins facilement qu'avec les adultes
(c) aussi vite qu'avec leurs propres amis
(d) plus facilement que leurs propres amis

8 Quand on appelle un dauphin
(a) il reconnaît son nom
(b) il reste couché sur son dos
(c) il répond seulement si c'est un enfant
(d) il saute plus de 7 mètres

(B) *Mettez ‹pendant›, ‹depuis› ou ‹pour› dans les phrases suivantes:*

1 Le dauphin intrigue les savants —— longtemps.
2 Les hommes ont confondu les requins et les dauphins —— bien des années.
3 Le dauphin restera-t-il le meilleur ami de l'homme —— toujours?
4 Il a l'intention d'étudier les dauphins l'année prochaine aux Etats-Unis —— trois mois.
5 On a essayé d'éviter les dauphins —— des centaines d'années.
6 —— toute sa vie le savant a écrit des livres sur les requins.
7 Le naufragé attendait —— cinq heures quand le dauphin l'a ramené sur le rivage.

(C) *Choisissez la forme correcte de ‹tout›:*

1 Le dauphin a amené —— les poissons dans mon filet.
2 Il a passé —— l'année à chercher le requin blanc.
3 Le dauphin montre à l'homme —— son amitié.
4 —— les anecdotes sur les dauphins sont très amusantes.
5 On raconte de telles histoires dans —— le pays.
6 —— les savants refusent de croire à ces anecdotes.
7 Il faut protéger —— les créatures de la mer.

(D) *Mettez ‹ce›, ‹cette›, ‹cet› ou ‹ces› dans les vides:*

—— ami de tous les enfants, le dauphin, mérite bien —— description. Par exemple, Flipper, —— vedette de la télévision américaine, jouait avec des enfants quand un de —— gamins-là est tombé dans l'eau. —— accident aurait pu être grave sans Flipper, mais —— jour-là il était en pleine forme. Flipper s'est dirigé vers —— pauvre victime ahurie et lui a permis de grimper sur son dos, puis il l'a transporté jusqu'au rivage. Tout le monde a applaudi et lui a donné des cadeaux, mais de toutes —— récompenses Flipper a préféré celle du petit garçon; un gros poisson!

ANIMAUX EN VOIE DE DISPARITION

Les derniers cris du phoque mourant,
Seul sur son bloc de glace.
A l'ombre d'un arbre africain isolé
Le léopard pousse son dernier soupir.
Victimes tous les deux de la chasse cruelle
Des hommes qui ne pensent qu'aux richesses.

Porte-monnaie, portefeuilles, fourrures élégantes
Cadeaux de Noël pour un monde qui ignore
Mais qui aime protester sans faire un effort
Pour sauver ces bêtes sans aide ni défense.

C'est qui la vraie bête?

(E) *Answer the questions on the poem in English:*

1 What is happening on the block of ice? (2)
2 Where is the leopard dying? (3)
3 What are the hunters like? (2)
4 Name 3 items that the animal skins are used for. (3)
5 How are the people who give and receive such Christmas presents described? (3)
6 What do you think the writer means by 'C'est qui la vraie bête?' (2)

Total (15)

(F) *Traduisez le poème en anglais.*

III Animaux familiers

Une famille française sur deux possède un animal familier.

La plupart des Français sont de grands amis des animaux: 52% des familles – plus d'une sur deux – possèdent un ou plusieurs animaux familiers, dont 34% sont des chiens, 21% des chats, 22% des oiseaux. Tout cela sans compter les rongeurs, les poissons, etc.

Parmi tous les autres pays d'Europe c'est la France qui possède la plupart des animaux familiers. Par exemple, il y a 8,2 millions de chiens (contre 5,2 millions en Grande-Bretagne et 3,3 en Allemagne de l'Ouest). Egalement, le nombre des chats français est de 6 millions et celui des oiseaux est de 6,5 millions, presque l'équivalent des chiffres britanniques et allemands pris ensemble.

Les animaux familiers du monde ne sont pas toujours bien nourris, mais ceux de la France consomment plus d'un million de tonnes de nourriture par an (de la viande, du poisson, des biscuits, etc). A eux seuls, les chiens français mangent plus que la population de pays tels que la Bulgarie ou le Portugal. Il n'y a pas de pauvreté canine en France!

(*Le Figaro*)

Verrier

(A) *Les phrases suivantes sont-elles vraies ou fausses?*

1 Plus de la moitié des familles françaises possèdent un animal familier.
2 Les chiens représentent les deux tiers de la population animale.
3 Plus d'un quart des animaux familiers sont des oiseaux.
4 La France est le pays européen qui a la majorité des animaux familiers.
5 Il y a moins de chiens en Grande-Bretagne qu' en Allemagne de l'Ouest.
6 Le nombre des oiseaux français est plus élevé que celui des chats d'un million.
7 Les animaux familiers de la France ne sont pas bien nourris.
8 Les chiens français sont mieux nourris que les Bulgares et les Portugais.

(B) *Comblez les vides:*

1 La France possède le plus – animaux familiers.
2 Il y a 5,2 millions – chiens en Grande-Bretagne.
3 Parmi tous les autres pays – Europe...
4 Il n'y a pas – pauvreté canine en France!
5 Les Français sont – grands amis – animaux.
6 – – viande, – poisson, – biscuits, etc...
7 Plus – une sur deux – familles...
8 Il y a 3,3 millions – chiens en Allemagne – – Ouest.
9 La plupart – Français possèdent – chats et – chiens, tandis que certains possèdent – autres animaux.
10 Le nombre – chats français est – 6 millions et celui – oiseaux est – 6,5 millions.

(C) *Faites des phrases au passé, employant les termes suivants:*

1 dinosaures / empêcher / animaux / se développer
2 Tyrannosaure / avoir / dents fortes / manger / viande
3 queue / Brontosaure / avoir 40 mètres / long
4 dauphin / aider / naufragé / sans s'attendre / récompense
5 pendant longtemps / tout le monde / refuser / croire
6 les hommes / traiter / requins et dauphins / dangereux

(Paul)

(D) *Remettez le tableau dans le bon ordre:*

ANIMAL	*PETIT*	*HABITAT*	*BRUIT*
vache	agneau	mare	aboyer
cochon	caneton	écurie	miauler
chien	poussin	pré	grogner
mouton	porcelet	niche	cancaner
chat	chiot	basse-cour	hennir
cheval	veau	panier	caqueter
canard	chaton	étable	bêler
poule	poulain	porcherie	meugler

— C'est la blanche qui doit donner le lait et la noire le café ! (Lavergne)

(E) *Complétez les dictons en vous servant des animaux ci-dessous:*

fidèle comme
rusé comme
myope comme
bête comme
énorme comme
fort comme
doux comme
malin comme
têtu comme
marcher comme
nager comme
avoir une faim de

agneau, poisson, baleine, tortue, taupe, loup, chien, âne, singe, oie, renard, boeuf
(N'oubliez pas l'article correct: un / une. Attention à la seule exception!)

NE PERDEZ PAS PIED!

(F) *Transformez en discours indirect:*

Modèle «J'aurai bientôt mon propre chien,» a-t-il dit.
→ **Il a dit qu'il aurait bientôt son propre chien.**

1 «J'amènerai le nouveau chien cet après-midi,» a-t-elle dit.
2 «Nous achèterons un chat quand nous obtiendrons un plus grand appartement,» ont dit nos voisins.
3 «Si on me donne un poisson rouge comme cadeau, je serai très content,» a dit le petit Antoine.
4 «Avant la fin de l'année nous aurons trop dépensé sur cet animal!» s'est exclamé mon mari.
5 «La chatte sera rentrée avant minuit comme toujours,» a répondu la vieille femme.
6 «Nous devrons emmener notre chien chez le vétérinaire,» a-t-il dit.
7 «Je ne pourrai jamais manger autant que mon animal,» a-t-elle dit.

IV Tremplin

(A) *Remettez les planches de la palissade dans le bon ordre pour lire horizontalement un dicton français qui concerne les habitudes d'un animal:*

(B) *Identifiez chaque fois l'animal dont on parle:*

1 C'est le roi de la jungle.
2 Sa maman, c'est la chienne.
3 Certains l'appellent ‹les dents de la mer›.
4 Elle caquette dans la basse-cour.
5 C'est le géant de la mer.
6 Il est rusé.
7 A-t-il toujours faim?
8 Elle ne marche pas vite!
9 Elle habite une étable.
10 On le trouve dans sa niche.

SUIVONS LE COURANT!

mettre (*temps*) à – to take (*time*) to
pousser *qqn* à – to urge *s.o.* to
refuser de – to refuse to
assister à – to be present at
s'attendre à – to expect
traiter *qqn* de – to call *s.o.* s.th.
traiter *qqn* en – to treat *s.o.* as
s'entendre avec – to get on with

— Voilà le chien jaune que j'ai trouvé dans le parc, maman, est-ce que je peux le garder ? (Carolus)

ÉVITEZ L'ÉCUEIL!

amener – Il a amené chez nous le petit chien perdu. (brought)
ramener – Il a ramené le naufragé sur le rivage. (brought back)
emmener – Elle a emmené le chat chez le vétérinaire. (took)

vivre – Les dinosaures ont vécu pendant toute l'ère secondaire. (existed)
habiter – Les dinosaures habitaient la Terre il y a longtemps. (dwelt)

appeler – On a appelé le chien ‹Nikki›. (named)
traiter...de – On a traité le chien de sale bête. (called)

(C) *Translate into English:*

— Papa, c'est aujourd'hui qu'on va acheter le chiot à la SPA, comme tu nous as promis avant Noël? a demandé Marcel tout excité.
— Oui, mon vieux, on y va tout à l'heure après déjeuner. Pour l'instant mets-toi à table. Tu dois avoir une faim de loup, car tu n'as rien mangé de la matinée.

Deux heures plus tard toute la famille Tournier se trouvait au refuge de la SPA, rue St-Laurent, entourée de toutes sortes de niches et de cages qui contenaient des animaux abandonnés. L'aboiement et le miaulement étaient tellement assourdissants que personne ne s'entendait parler!
— On aurait dit que tous ces animaux étaient ravis de nous voir! s'est écriée Paulette, la soeur cadette de Marcel.
— C'est ça. Je ne m'attendais pas à une réception si bruyante, a répondu celui-ci qui s'impatientait depuis au moins une quinzaine, tant il voulait accueillir chez lui un nouvel animal familier.

Les Tournier ont fini par choisir un petit épagneul vif aux oreilles énormes, dont les yeux avaient l'air ahuri et semblaient dire: «Emmenez-moi chez vous. Je suis bien gentil.»
— Ah! comme il est mignon, a soupiré Madame Tournier.

(D) *Traduisez en français:*

1 The vet urged him to wait outside, but the farmer refused to.
2 It was a magnificent beast: it had two large horns, strong teeth and a long tail.
3 Most of the horses in the stable were ill, and we expected to see them die before long.
4 She'll study dolphins for three years in the United States, because she's already spent two years at a veterinary college in France.
5 The whale had been watching the boat for two hours as it made its way towards the castaway.

(E) *Listen to the passage that your teacher is going to read and answer the questions in English:*

1 When is it possible to buy a dog at the SPA? (2)
2 But how much is all his equipment going to cost? (2)
3 Name 3 essential items of equipment mentioned. (3)
4 What is the other main expense that will follow? (1)
5 What is the weight of Monique and Claude's mongrel? (2)
6 Name 2 things they give him apart from his normal tinned food. (2)
7 What is their minimum monthly expenditure? (1)
8 How much does M. de Matignon think he should give to his alsatian daily? (1)
9 Why doesn't he? (1)
10 What is the average cost a month for M. de Matignon? (1)
11 Give 2 reasons mentioned in the passage for visits to the vet. (2)
12 Why is the cost of keeping a dog not the most important thing? (2)

Total (20)

(F) *Composition*

Ecrivez votre propre poème sur les animaux ou bien sur les rapports entre les hommes et les bêtes.

(G) *Racontez au passé en 130–140 mots l'histoire ci-dessous:*

Ça mord!

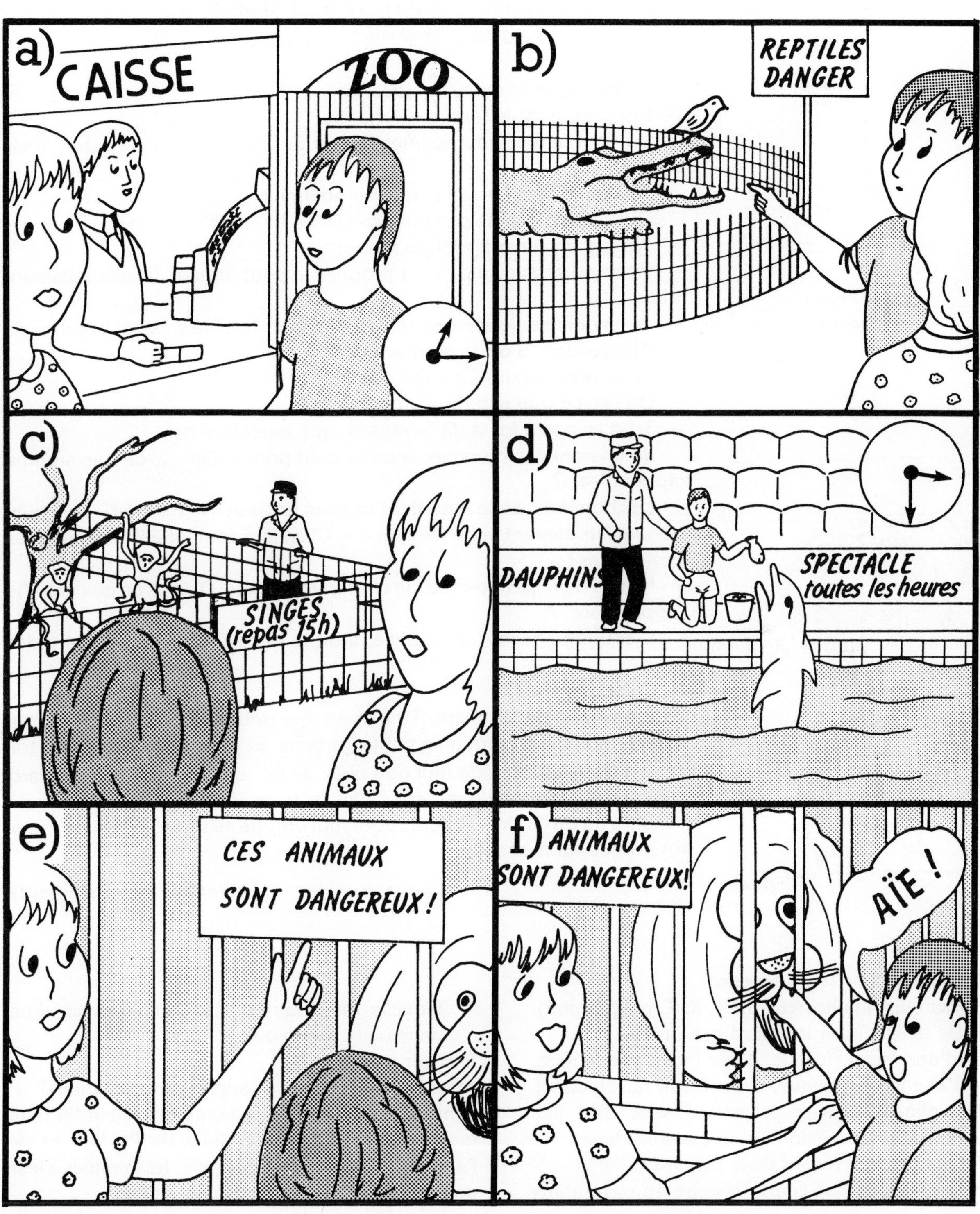

DANS LE MÊME BAIN!

(H) *Lisez cet extrait d'un livre célèbre d'Antoine de Saint-Exupéry et répondez aux questions ci-dessous:*

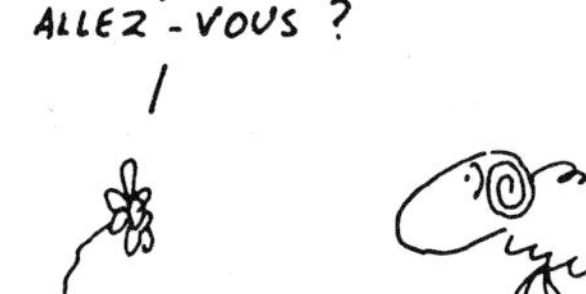

(Teich)

C'est alors que le renard a apparu:

— Bonjour, a dit le renard.

— Bonjour, a répondu poliment le petit prince, qui s'est retourné mais n'a rien vu.

— Je suis là, a dit la voix, sous le pommier...

— Qui es-tu? a dit le petit prince. Tu es bien joli...

— Je suis un renard, a dit le renard.

— Viens jouer avec moi, lui a proposé le petit prince. Je suis tellement triste...

— Je ne puis pas jouer avec toi, a dit le renard. Je ne suis pas apprivoisé.

— Ah! pardon, a dit le petit prince.

Mais, après réflexion, il a ajouté:

— Qu'est-ce que signifie ‹apprivoiser›?

— Tu n'es pas d'ici, a dit le renard, que cherches-tu?

— Je cherche les hommes, a dit le petit prince. Qu'est-ce que signifie ‹apprivoiser›?

— Les hommes, dit le renard, ils ont des fusils et ils chassent. C'est bien gênant! Ils élèvent aussi des poules. C'est leur seul intérêt. Tu cherches des poules?

— Non, a dit le petit prince. Je cherche des amis. Qu'est-ce que signifie ‹apprivoiser›?

— C'est une chose trop oubliée, a dit le renard. Ça signifie ‹créer des liens›...

— Créer des liens?

— Bien sûr, a dit le renard. Tu n'es encore pour moi qu'un petit garçon tout semblable à cent mille petits garçons. Et je n'ai pas besoin de toi. Et tu n'as pas besoin de moi non plus. Je ne suis pour toi qu'un renard semblable à cent mille renards. Mais, si tu m'apprivoises, nous aurons besoin l'un de l'autre. Tu seras pour moi unique au monde. Je serai pour toi unique au monde...

(*Le Petit Prince* Gallimard)

1 Comment est le petit prince?
(heureux, malheureux, bête, naïf, poli, impoli)
2 De quelle façon le renard parle-t-il?
(d'une façon ridicule, d'une façon philosophe, d'une façon cynique, d'une façon raisonnable)
3 Expliquez ce que le renard veut dire par ‹apprivoiser› quelqu'un ou quelque chose.
4 Que pense le renard de la race humaine?
5 Ecrivez une très courte histoire au passé dans laquelle un enfant fait la connaissance d'un animal et l'apprivoise.

Schéma proposé:
enfant – sans amis – apparition de l'animal – l'animal apprivoisé – les hommes veulent lui faire mal – pourquoi? – la fuite de l'enfant et de l'animal – leur vie en plein air – les hommes à leur poursuite – l'animal sauvé par l'enfant

CHAPITRE 4

Crimes et tragédies

— Allô ! La météo ? Est-ce que le temps est favorable pour un vol de nuit ? *(Tienno)*

I Faits divers

CAMBRIOLAGE CHEZ LES BERTRAND

En y entrant par effraction, des cambrioleurs volèrent des bijoux d'une valeur de 700000 francs au domicile de M. Bertrand, directeur d'une usine de l'électronique. Un des criminels cassa une fenêtre de l'appartement et ils y pénétrèrent facilement. Ils fouillèrent tous les meubles et trouvèrent de jolis bijoux dans le tiroir d'une commode située dans la chambre principale. Le voisin les dérangea et ils se sauvèrent à pas de loup.

(A) *Answer in English:*

1 Where did the burglars steal the jewels?
2 What was M. Bertrand's profession?
3 What was the method of entry?
4 What did they do once they had broken in?
5 Where did they find the jewels?
6 Who disturbed them?
7 How did they leave?

(B) *Mettez au singulier ou au pluriel pour transformer la phrase:*

1 Des cambrioleurs volèrent des bijoux.
2 Un criminel cassa une fenêtre.
3 Ils y pénétrèrent facilement.
4 Ils fouillèrent les meubles et trouvèrent de jolis bijoux.
5 Le voisin les dérangea.
6 Ils se sauvèrent à pas de loup.

(C) *Comblez les vides dans la déposition de l'un des deux complices:*

Nous arrivâmes à l'immeuble et je montai avec mon ami au troisième étage. Je —— une fenêtre et nous —— dans l'appartement. Nous —— tous les meubles et —— de jolis bijoux dans le tiroir d'une commode. Enfin nous nous —— à pas de loup.

HOLD-UP EN SUISSE: UN MORT

Quatre malfaiteurs finirent par tuer une femme et par blesser trois autres personnes lors d'une attaque à main armée contre une banque de Zurich...

Les voleurs réussirent à prendre un million de francs suisses et saisirent un otage, une jeune femme de vingt-cinq ans, employée de l'établissement. Quand l'un d'entre eux entendit les sirènes de la police, il perdit la tête et abattit la jeune femme et trois autres employés avec son fusil. Les policiers répondirent avec une deuxième fusillade au bout de laquelle les gangsters se rendirent.

(A) *Répondez en français:*

1 Qu'est-ce que c'est qu'un malfaiteur?
2 Où se trouve Zurich?
3 Qu'est-ce qu'une attaque à main armée?
4 Expliquez le terme ‹otage›.
5 Que fait la police en allant à la scène d'un crime?
6 Expliquez autrement ‹perdre la tête›.
7 Que fait un gangster quand il se rend?

(B) *Comblez les vides dans la déposition d'un des voleurs:*

Je choisis une belle position en face de la banque et nous descendîmes de notre camionnette.

Nous —— à prendre un million de francs et —— un otage. Quand j'—— les sirènes de la police, je —— la tête et —— la jeune femme et trois autres employés avec mon fusil. Au bout de la fusillade nous nous ——.

PÉTARDS ET FUSÉES: UN MORT ET PLUSIEURS BLESSÉS

Le 14 juillet fut le jour où plusieurs incidents graves se produisirent un peu partout en France. Un jeune de 16 ans mourut suite à la détonation d'un fusil de chasse qu'un homme enragé avait braqué sur lui, ne pouvant plus supporter le bruit de pétards que le garçon lançait devant sa maison.

On fit tout ce qu'on put pour soulager le blessé, mais on comprit au bout de deux minutes qu'il était déjà mort. La police vint en un rien de temps arrêter le fou et le conduisit au commissariat.

En Lorraine, une jeune fille vit son frère tomber dans un feu de joie. Elle eut le tort d'essayer de l'en tirer toute seule et elle reçut des brûlures au second degré. On éteignit vite le feu et les deux enfants durent être transportés à l'hôpital à toute vitesse.

Les feux d'artifice ne sont pas moins dangereux. A Saint-Dizier, deux voisins vinrent à la rescousse d'un groupe d'adolescents, dont deux avaient les yeux brûlés à cause d'une fusée qui avait explosé plus tôt que prévu. Les autres eurent tellement peur qu'ils se mirent à hurler à tue-tête. Les deux adultes firent venir une ambulance et après le départ de celle-ci, ils ouvrirent le paquet de feux d'artifice dans lequel ils virent deux autres fusées endommagées. Ils écrivirent tout de suite sur une feuille de papier le nom et l'adresse de l'usine qui les avait fabriquées.

(A) *Répondez en français, sans utiliser le passé simple:*

1 Qu'est-ce qui s'est passé le 14 juillet?
2 Est-ce que le jeune n'a été que légèrement blessé?
3 Pourquoi l'homme avait-il tiré sur le garçon?
4 Avait-on réussi à soulager le blessé?
5 Qu'est-ce que les policiers ont fait avec le fou?
6 Qu'est-ce qui est arrivé en Lorraine?
7 La jeune fille s'est-elle brûlée grièvement?
8 A-t-on mis longtemps à éteindre le feu?
9 Qu'est-ce qu'on a dû faire ensuite?
10 Qui est venu aider les adolescents?
11 Qu'est-ce que les deux adolescents s'étaient fait?
12 Comment les autres ont-ils montré leur peur?
13 Qu'ont fait les deux adultes?
14 Comment ont-ils trouvé les deux autres fusées?
15 Qu'est-ce qu'ils ont fait immédiatement?

(B) *Trouvez dans le passage des synonymes aux termes désignés:*

1 un homme **furieux**
2 deux voisins **aidèrent** un groupe d'adolescents
3 ils **commencèrent de crier fort**
4 La police vint **aussitôt**...
5 le fusil **avec lequel il l'avait visé**
6 **Elle fit l'erreur** d'essayer...
7 le garçon **jetait** des pétards
8 Les feux d'artifice **sont également dangereux.**

(C) *Trouvez dans le passage le contraire des termes suivants:*

1 **avant** la détonation
2 ils **fermèrent** le paquet
3 ils virent deux autres fusées **intactes**
4 après **l'arrivée** de celle-ci
5 **plus tard** que prévu
6 On **alluma** vite le feu...
7 Les deux adultes **renvoyèrent** une ambulance.
8 On fit **le moins possible**...

(D) *Voici une petite histoire policière. Complétez-la, en y mettant les formes correctes du passé simple:*

Marcel ARRIVER à Lille le 15 janvier, la date convenue de son rendez-vous avec Jules. En voyant l'appartement de celui-ci Marcel AVOIR peur et VOULOIR partir aussi vite que possible. Mais il DÉCIDER enfin de rester et il S'APPROCHER lentement de la porte d'entrée. Quand il ÊTRE à deux pas du seuil il ENTENDRE un choc sourd dans le vestibule. «Quelqu'un est tombé dans l'escalier,» SE DIRE Marcel, et il DEVENIR tout pâle.

Soudain la porte S'OUVRIR et Marcel FAIRE cinq pas en avant. Il faisait noir dans ce vestibule lugubre, et Marcel METTRE la main sur la petite table installée près de la porte. Au fond du vestibule il POUVOIR maintenant deviner la forme de Jules. Marcel SE DIRIGER vers lui, voulant se montrer courageux. En un clin d'oeil Jules PRENDRE un revolver dans sa poche et le BRAQUER sur Marcel. «Ne bouge pas!» CRIER -t-il, «si tu ne veux pas mourir». Marcel DEVOIR retenir son souffle; il COMPRENDRE maintenant pourquoi Jules avait voulu le revoir. Pendant que Marcel remâchait ainsi ces pensées il RECEVOIR soudain un coup sur la tête.

Maintenant remplacez *Marcel* par *Alain et Gérard.*

II Drame à 15 000 mètres

L'avion géant décolla à l'heure prévue. Les trois cent soixante-quinze passagers à bord détachèrent leurs ceintures de sécurité. Quelques-uns allumèrent une cigarette, tandis que d'autres se mirent à regarder le film. Certains s'étaient même endormis; tous avaient l'air détendus.

L'hôtesse de l'air prit le micro, avec lequel elle avait l'habitude de parler aux passagers:

— Vous êtes priés de passer vos commandes pour le déjeuner avant de prendre vos consommations pour faciliter le service.

Ce fut à cet instant qu'un steward apparut, poussant une petite table roulante sur laquelle il y avait des hors-d'oeuvre variés. Un autre steward aborda les passagers afin de noter leurs commandes, dont il laissa une copie auprès de chacun d'eux.

Le Docteur Labardier, assis au neuvième rang de la première classe examina de près le bout de papier, au milieu duquel il avait aperçu quelques mots écrits en gros. «Si vous voulez rester en vie, venez à l'arrière de l'avion.»

Vexé, il suivit le steward des yeux. Un tel message, qu'est-ce qu'il pouvait bien signifier? Il se leva lentement, quittant la place à laquelle il venait de s'habituer et se dirigea vers l'endroit indiqué. Au dernier rang il remarqua une jolie demoiselle qui le dévisageait.

— Asseyez-vous, je vous en prie, fit-elle.

Mal à l'aise, il s'assit sur des magazines qu'on avait placés sur le siège et à côté desquels il vit deux paquets bruns.

— M. le Docteur, si vous ne me dites pas le code secret du nouveau missile nucléaire français je ferai sauter cet avion.

Le Docteur Labardier fixa les paquets vers lesquels elle portait son regard.

— Vous voulez rire, dit-il, ce code fait partie des informations auxquelles je n'ai pas accès.

Ceci dit, il voulut saisir les paquets à son côté, mais l'un d'eux glissa par terre...

(A) *Choisissez la réponse correcte et écrivez une phrase entière qui la contient:*

1 A quelle heure est-ce que l'avion quitta le sol?
(a) juste à temps
(b) à l'heure
(c) en retard

2 Qui alluma une cigarette?
(a) certains passagers
(b) tous les passagers
(c) la plupart des passagers

3 Comment l'hôtesse de l'air parla-t-elle aux passagers?
(a) en s'habituant au micro
(b) en prenant le micro
(c) en déposant le micro

4 Pourquoi les passagers durent-ils commander au début du vol?
(a) parce que le service était très facile
(b) pour rendre le service moins facile
(c) afin de rendre le service plus facile

5 Où le steward mit-il une copie des commandes?
(a) auprès de tous les passagers
(b) auprès de certains passagers
(c) auprès de chaque rang

6 Où le Docteur Labardier remarqua-t-il le message?
(a) au milieu du neuvième rang
(b) à l'arrière de l'avion
(c) sur la copie de sa commande

7 De quel air regarda-t-il le steward?
(a) inquiet
(b) fâché
(c) curieux

8 Où alla-t-il?
(a) aux toilettes
(b) à l'arrière
(c) à droite

9 De quel code la demoiselle parla-t-elle?
(a) celui d'un projectile français
(b) celui d'un obus néo-zélandais
(c) celui d'une centrale nucléaire

10 Le code faisait partie de quelles informations?
(a) celles que le docteur possédait
(b) celles que le docteur ne possédait pas
(c) celles que le docteur ne voulait pas posséder

(B) *Comblez les vides, mettant la forme correcte de ‹lequel›, ‹laquelle› etc:*

Modèle 1 le film au bout **duquel** on fit sauter l'avion

Modèle 2 la catastrophe aérienne **à laquelle** il pensait

1 les ceintures sans —— les passagers seraient en danger
2 l'endroit —— le docteur dut aller
3 les places à côté —— on avait mis les magazines
4 la raison pour —— la demoiselle était là
5 l'avion, à l'arrière —— se trouvaient deux paquets bruns
6 les mots bizarres —— il pensait toujours
7 une feuille de papier au milieu —— il y avait quelques mots
8 le siège sous —— il laissa tomber le paquet

III C.R.S.: Les mal-aimés

Image de marque des C.R.S. (Compagnies Républicaines de Sécurité); image de marque de la police... Que se cache-t-il derrière ces mots qui sont au coeur d'un nouveau conflit entre les policiers et l'administration? Tout simplement deux idées.

La police se croit d'abord au service de l'ensemble des citoyens de l'Etat et ensuite à celui du gouvernement au pouvoir, tandis que le point de vue de l'administration policière est tout autre; les policiers, en général, et surtout les C.R.S., doivent être au service du gouvernement. D'après celui-ci, il s'agit d'un corps d'élite exemplaire et on ne peut y tolérer la moindre désobéissance.

Les syndicats policiers craignent une dégradation de leur image de marque, au point où en temps de crise sociale on les désigne ainsi: ‹C.R.S. = S.S.›

Le ministre de l'Intérieur n'est pas d'accord sur ce point.

— L'image de marque des C.R.S. n'est pas si mauvaise, affirme-t-il. On sait bien le secours qu'ils apportent sur les routes en cas d'accident. En montagne et à la mer aussi. On connaît leur rôle préventif dans le maintien de la sécurité en ville, et même la façon dont ils protègent la jeunesse.

(*Le Figaro*)

(A) *Summarise, in English, the argument described above:*

Who hold opposing views about the image of the C.R.S.?
What are the two points of view?
What do the C.R.S. fear?
How does the Minister of the Interior try to keep on the right side of the C.R.S.?

(B) *Mettez ‹qui›, ‹que› (‹qu'›) ou ‹dont› dans les phrases suivantes:*

1 Les C.R.S. n'aiment pas l'image de marque —— elles possèdent.
2 Ce sont les policiers —— nous servent de protecteurs.
3 Les citoyens —— les C.R.S. doivent contrôler n'en sont pas toujours contents.
4 Les C.R.S., —— le gouvernement a souvent besoin, sont un corps d'élite.
5 Les syndicats, —— y voient quelque chose de sinistre, craignent les crises sociales.
6 Le maintien de la sécurité est un rôle —— on connaît l'importance.
7 Les jeunes devraient comprendre le rôle —— jouent les C.R.S. dans leur protection.

(C) *Ecoutez le passage que votre professeur va vous lire et décidez si les phrases suivantes sont vraies ou fausses:*

1 La criminalité parmi les femmes a doublé.
2 La police civile n'est pas prête à recruter des femmes.
3 On accepte les femmes comme gendarmes seulement à certaines conditions.
4 En 1979, seulement dix-sept femmes ont été acceptées.
5 En 1980, dix-huit cents femmes se sont proposées.
6 Les gendarmettes perdront leur charme dans leur uniforme.

(Heljy)

7 Elles auront un contact considérable avec le public.
8 Elles travailleront principalement dans des services techniques et administratifs.

(D) *Ecoutez le passage encore une fois et répondez oralement aux questions que votre professeur va vous poser.*

NE PERDEZ PAS PIED!

(E) *Faites des phrases, en choisissant le temps et la forme qui conviennent le mieux:*

1 ce / cambrioleurs / voler / tout / mes bijoux / hier
2 ce / femme / se casser / jambe / ce matin
3 tout / la bande armée / aller / prison / pour quelques mois
4 depuis un an / beaucoup / femmes / devenir / gendarmes
5 ce / demoiselle / essayer / entrer à la police / pendant deux ans
6 le garçon / avoir / visage brûlé / quand je l'ai vu
7 falloir / courage / et / gros muscles / pour être gendarme
8 ce / gendarmerie / ne pas recruter / femme gendarme / pendant un an

IV Tremplin

SUIVONS LE COURANT!

entrer par effraction – to break in
se sauver à pas de loup – to steal away, slip away
une attaque à main armée – an armed assault
perdre la tête – to lose your head
un peu partout – all over the place
suite à – following, subsequent to
venir en un rien de temps – to arrive in next to no time
venir à la rescousse de – to come to the aid of
hurler à tue-tête – to yell at the top of your voice
aussi vite que possible – as quickly as possible
en un clin d'oeil – in the twinkling of an eye
retenir son souffle – to hold your breath
remâcher une pensée – to chew over an idea
avoir l'air détendu – to look relaxed
ce fut à cet instant que + PAST HISTORIC – it was at that moment that
examiner qqch de près – to take a close look at s.th.
suivre qqn des yeux – to follow s.o.'s movements
je vous en prie – please (emphatic), I beg of you
mal à l'aise – uneasy
rendre + ADJ. – to make (cela m'a rendu malade)
être prêt à + INF. – to be willing to
avoir l'habitude de + INF. – to be used to

être d'accord sur – to agree about
laisser tomber – to drop
braquer qqch sur qqn – to train s.th. on s.o./point s.th. at s.o.
faire l'erreur de + INF. – to make the mistake of
avoir le tort de + INF. – to make the mistake of
tirer qqch de – to pull s.th. out of
faire sauter – to blow up (+object)
faire venir – to send for
tirer sur – to fire at
commencer de (*or* à) – to begin to
tomber dans l'escalier – to fall down the stairs
remplacer qqch par – to replace s.th. with
avant de + INF. – before doing...
afin de + INF. – in order to...
s'habituer à – to get used to
faire partie de – to be a part of
vouloir rire – to be joking
il s'agit de – it's about, it's a matter of
rester en vie – to stay alive
à l'heure prévue – on schedule
avoir le temps de + INF. – to have time to

(A) *Anagrammes:*

1 BUGULER (sombre et triste)
2 LORFEUIL (chercher partout)
3 TINIQUE (mal à l'aise)
4 MARBRECOILU (il entre par effraction)
5 PICOLIRE (il poursuit numéro quatre)
6 AGOTE (prisonnier d'un criminel)
7 ACUXOGUER (qui n'hésite pas devant le danger)
8 DINOMER (le plus petit)
9 COUSSER (aide)
10 DEPART (il fait du bruit)
11 ERERAIR (il n'est pas devant)
12 LAOSGRUE (calmer)
13 SICRE (cardiaque? personnelle? sociale? politique?)
14 REINDETE (faire mourir le feu?)
15 EDIGRAVES (regarder de haut en bas)

(B) *Continuez l'histoire à la page 33 en vous servant du schéma ci-dessous. Employez le passé simple comme temps principal:*

rien de dangereux – sourire de la demoiselle – bombe dans sa poche – révéler son identité – espionne russe – son complice, le steward – l'arrivée soudaine de celui-ci – braquer un revolver...sur la demoiselle étonnée! – policier déguisé – piège!

(*130–140 mots*)

(C) *Translate into English:*

Robert Lafargue, employé de la Banque d'Angers, servait son neuvième client du matin lorsqu'il aperçut trois hommes suspects qui le dévisageaient. En un clin d'oeil l'un d'eux tira un revolver de sa poche et le braqua sur Robert:
— Haut les mains et pas de bêtises! cria-t-il.

Tous les autres employés et les quelques clients devant les guichets s'aplatirent, tandis que Robert dut emmener le chef de la bande au coffre-fort qui se trouvait à l'arrière de l'établissement.
— Reste là, et ouvre le sac, fit le voleur qui s'était déjà mis à attacher un dispositif explosif à la serrure du coffre-fort. Une explosion se fit entendre et la porte de celui-ci s'ouvrit. Le malfaiteur prit le sac et y jeta aussi vite que possible les billets de banque dont plusieurs étaient légèrement brûlés suite à l'explosion.

Ce fut à cet instant-là que Robert laissa tomber le sac et saisit le revolver du criminel. Les deux hommes luttèrent pendant quelques secondes, puis l'arme à feu partit toute seule. Le voleur tomba par terre, le corps inerte, une tache de sang s'élargissant sur sa chemise bleu ciel. Sans prêter la moindre attention aux otages qu'ils devaient surveiller, les deux autres complices se précipitèrent vers l'arrière de la banque afin de voir ce qui s'était passé. Robert fouilla dans les poches du voleur mort, trouva un deuxième revolver et se cacha derrière le coffre-fort.

Au moment où les deux voleurs pénétrèrent dans la salle il les visa avec les deux revolvers et tira sur l'épaule gauche du premier homme qui poussa un cri de douleur et tomba sans connaissance contre la fenêtre.
L'autre perdit la tête et cria
— Ne tire pas sur moi! Je me rends!

— Il dit que la clef du coffre est dans une de leurs poches! (Pouzet)

(D) *Traduisez en français:*

Richard looked at the small table which Marc was leaning on.
— He's not coming, is he? he exclaimed.
— It's the date we agreed, replied Marc, and he's never been late for a meeting till now.

It was at that moment that the two men heard a noise outside the door, as if someone had fallen down the stairs. They both drew their revolvers, held their breath and made their way stealthily towards the door. Suddenly Christian broke in through the window and trained a large shotgun on the two men.
— Drop your weapons, he shouted at the top of his voice, and no tricks! He picked up the two revolvers and looked at each in turn.
— The police will arrive in a few minutes, he said. A pity! It could have worked out so well.

The two accomplices now heard the police sirens and were afraid.

(E) *Ecoutez l'histoire que votre professeur va vous lire, puis reproduisez-la en 130 à 140 mots, employant le passé simple comme temps principal:*

Schéma:
un informaticien, Gérard – secrets aux Russes – cinq ans de prison – comment vivre après? – sortir – pas de travail – propre usine de l'électronique – rencontre avec savant – nouveau système de communication – photocopier les plans secrets – le contact russe – résultat

(F) *Débat et dissertation*

Racontez une histoire violente qui s'est passée récemment – qu'est-ce qu'on aurait pu faire pour l'empêcher?

DANS LE MÊME BAIN!

(G) *Regardez les images d'en face et continuez l'histoire au moment où Lucky Luke, shérif célèbre, arrive chez Ma Dalton. Employez le passé simple comme temps principal:*

l'arrivée de Lucky Luke – fouiller partout – visiter le grenier – la cachette des prisonniers – essayer de se sauver – poursuite – prendre le fusil de Ma Dalton – fusillade – devoir se rendre à la fin

(H) *Comblez les vides, en mettant le passé simple des verbes indiqués:*

Walt Disney

Walt Disney, cinéaste américain, NAÎTRE à Chicago en 1901. Il AVOIR son premier succès en 1930 quand il INVENTER le personnage de Mickey qui FAIRE plaisir à tous les enfants américains. En 1937 il ÉCRIRE le scénario pour le film ‹Blanche-Neige et les Sept Nains› qui DEVENIR immédiatement un grand succès partout dans le monde. Le film ‹Bambi› SUIVRE en 1943, et Walt Disney ÊTRE stupéfait de sa réussite. Il METTRE beaucoup de personnages charmants dans son prochain film ‹Alice au Pays des Merveilles› qu'on VOIR pour la première fois à l'écran en 1951.

‹Merlin l'Enchanteur› APPARAÎTRE en 1964, et Walt Disney DEVOIR prendre sa retraite peu de temps après. Tout d'abord il VOULOIR continuer à travailler mais après les conseils d'un médecin il DÉCIDER de se reposer un peu. En 1965 il RECEVOIR un prix pour ses films sur les animaux, mais il MOURIR en 1966 à l'âge de 65 ans.

LUCKY LUKE

MA DALTON

Dessins de Morris, scénario de Goscinny

CHAPITRE 5

La publicité

‹N'ayez pas peur du noir!›

‹Pour la santé ne nous dépêchons pas!›

‹Conduisez-vous bien!›

‹Soyez sûr qu'elle est pure!›

‹Aspirez à une maison propre!›

I La publicité

Les légendes ci-dessus sont pareilles à celles qu'on voit tous les jours en France. Elles font de la publicité pour une certaine voiture, des pêches, une marque de café, un nouvel aspirateur et de l'eau minérale. [*Essayez de trouver quelle légende correspond à chaque produit*...]

Faire de la publicité consiste à présenter un produit d'une façon séduisante et à persuader vos clients futurs de l'acheter afin d'améliorer la qualité de leur vie. Cela explique le nombre d'impératifs et de mots d'ordre qu'on trouve sur les réclames collées aux panneaux destinés à attirer l'attention des usagers de la route: faites sourire vos enfants avec... / faites manger...à votre famille / ne laissez pas grisonner vos cheveux. Utilisez... / faisons le plein avec... / rends-toi heureux! Va chercher...! / et ainsi de suite.

Au petit et au grand écran, dans les revues, c'est toujours la même chanson. ‹Chanson›, c'est bien le mot, parce qu'il y a tant d'indicatifs qui existent actuellement dont on est vraiment bombardé. Il s'agit tout simplement de les faire répéter autant que possible; il en résulte que toute ménagère faisant les courses à l'hypermarché du quartier reconnaîtra le produit en question et l'achètera sans même y penser.

Il arrive souvent qu'une agence publicitaire se sert d'une vedette quelconque pour annoncer un produit ‹en promotion›. Ainsi, il est évident que ceux qui aiment cette personnalité seront tentés de sortir tout de suite acheter le produit dont il s'agit. Il va sans dire que la présence d'une jolie blonde en bikini sur le capot d'une nouvelle voiture pousse les hommes à penser à la marque imprimée en gros caracterès situés, peut-être, près de la cuisse gauche de la jeune demoiselle.

(A) *Answer in English:*

1 How typical are the opening captions?
2 According to the passage, what does advertising set out to do?
3 Why are advertisements placed on hoardings?
4 Name three other means of advertising mentioned.
5 Why is 'chanson' an appropriate word?
6 What two things happen when the housewife goes to the hypermarket?
7 What do advertising agencies often do?
8 What is the obvious result?
9 How are some cars advertised?
10 How might attention be drawn to the name of a particular make of car?

(B) *Complétez les légendes dans le deuxième paragraphe avec un produit qui vous semble convenable.*

(C) *Inventez une légende frappante pour chacun des produits, suivant les modèles du passage:*

le chocolat un bain mousse un vélo (ou vélomoteur) un disque des lunettes de soleil une boisson

DECOUPEZ NET.
PAYEZ AU PLUS JUSTE.
Black & Decker

II

Pour ceux qui veulent un corps actif
La seule solution – Activif !
Solution délicieuse
C'est celle qui rend la vie heureuse.

BOUM !

Hebdo pour les jeunes !

C'est quoi, un bon hebdo ?
Celui qu'on lit à tout moment ?
Celui dont on parle partout ?

La réponse est simple : *BOUM !*

Lesquelles sourient tout le temps ? Celles qui ont de très belles dents.

Lesquels doivent toujours faire la moue ? Ceux dont la bouche est pleine de trous.

DENTALO

DENTALO : nouveau dentifrice qui combat la carie des dents.
Plus besoin de fuir le dentiste !

(A) *Insérez ‹qui›, ‹que› ou ‹dont› dans les phrases suivantes :*

1 J'aime les oranges, surtout celles ——— viennent du Maroc.
2 La bonne lampe de poche, c'est celle ——— les piles durent longtemps. Pensez ‹Flash›!
3 Choisissez le meilleur cassettophone, celui ——— on appelle ‹Sonovox›.
4 Ceux ——— aiment la vie campagnarde partent en vacances avec Camping-Jeunesse.
5 Le shampooing, Astrolux, qui nourrit les cheveux, c'est celui ——— on a tous besoin.
6 Les belles mûres qui se mangent toute l'année sont celles ——— vous offre Ours Blanc S.A. pour votre congélateur.
7 Les meilleurs jours de sa vie, ce sont ceux ——— on garde un souvenir permanent. Photographiez avec ‹Clichématique›!

(B) *Regardez les petites annonces qui suivent, surtout celles qui sont désignées par une lettre de l'alphabet:*

EMPLOIS INTERNATIONAUX
En Australie, Canada, Amérique Latine, Moyen-Orient, Asie, Afrique du Sud, Afrique Noire, Europe, des emplois vous attendent. Demandez la **revue spécialisée MONDEMPLOIS** (Ser. S 38) 14, r Clauzel Paris 9e.

Cher. pr 1er août ménage 55/60 a, référ. pour gardiennage ppté Sologne pts trav. agric. et forestiers beau logis q.q. hres cuis. ménage, surtout été, entretien fleurs surveillance étang. Ecr. Lavignère P. 5, rue Pinel 92200 Neuilly s/Seine.

A **J. F. ch. emploi stable réceptionniste** standard. expér. très bonne présent. discrét. assurée. n° 103.

« MA PRIERE »

B **Pascal replantait des forêts. La maladie l'a paralysé. Révolté il s'est demandé à quoi bon vivre.**
Ses réflexions ont renforcé sa foi en Dieu, sans qui l'existence devient absurde. Musicien il chante dans ce disque Le Notre Père et Je Vous Salue Marie à 4 voix, sur une musique qu'il a voulue sereine. Il dit ensuite sur fond musical, avec des mots de tous les jours, pourquoi il veut redire ces prières. Le 45 Tours 15 F. Ecr. P. Meeschaert.
Cavillon 83010 PICQUIGNY
Du même auteur : Chants médités de la messe 45 T : 15 F. Prière de la forêt : Chants profanes 45 T : 15 F.

VALMOREL
SAVOIE

Location à la semaine. Appts. 2, 4, 5, 6 ou 8 personnes, tout confort. Animation, piscine, tennis, tir à l'arc, garderie d'enfants. Ateliers pr les 8 à 13 ans, club des balades, bureau des guides, (escalades, randonnées)
Renseignem./Locations :
Paris Alpes Réservations :
Tél. : 545.67.00
Valmorel :
Tél. : 79/24.28.44.

Champex Lac 1 450 m Valais Suisse SUNWAYS * NM Hôtel-Club Franç. Randonnées, animat. tennis, yoga** Vac. amicales et sport. A disposition au club : Studio-son et Labo-photo. 7 jrs pens. complète : 800 à 980 FF. Réduct. enfts 20 à 50 %. (Club enf. grat.) **Juin et sept. : 740 à 850 FF. Téléphone direct** : 19/41/26/411.22 - 1938 Champex CH.

C **Loue tte année, sauf août grande** maison indép. ds petit village Lot 3 chbres, gde cuis. séj. gar. bain wc machine laver tv. **Teyssedou R.** 46210 St-Cirgues. Tél. 65/34.77.05.

Fam. 5 enf. cher. Arcachon mais. ou appt. août mois quinz. n° 101.

D **D5 Montgenèvre L.** appt. gd stand. 6/8 pers. été hiver 76/75.03.04.

E **Jeune citadin 15 ans, bonne santé caractère agréable, bon niveau,** cherche séjour en juil. ds famille rurale au pair contre aide travaux variés ou possibilité d'échange pr séjour ville à Noël avec jeune, du même âge. **J.M. DALEUX 97, RUE A. TESTELIN - 59200 TOURCOING.**

F **J. Fille 17 1/2 cher. juil. fam. pr. garder enfts en vac. préfér. bordmer. Gridel A. 7 r Puvis de Chavannes Paris 17e. T 766.35.92.**

G **Loue meublé tt cft jardin 3 km** mer juil. août. Ecr. Mr Camus, rte du Haut Rocher 44600 ST NAZAIRE.

Villard de Lans, particul. loue studio, 3 personnes, tout confort. TEL. 78/31.04.66 après 19 h.

Locat. juin oct. montagne Vosges meublé, 2/4 pers. Rgts, Reimbold A. 3 rue des Aulnes 88230 Fraize.

PETITES ANNONCES

 DIVERS 

CHOISISSEZ AUJOURD'HUI VOTRE
COMMERCE
BOUTIQUE-GERANCE
APPARTEMENT-PROPRIETE
dans le seul journal spécialisé
LES ANNONCES

En vente partout 2,50 F et 36, rue de Malte 75011 PARIS. 805.30.30.

Jeune violoniste diplômé cher. à acheter violon de soliste. Muller 1 r Forge 68000 Colmar 89/41.05.47.

Vend cartes postales anciennes, achète, échange particul. Laurant 76540 Valmont. Tél 35/29.85.64.

H **Veuf avec 3 enfts 8, 5 et 2 ans, recherche gouvernante 30/50 ans,** aimant les enfts, et sachant tenir une maison région 35 Ile et Vilaine. Ecr. à Publicat n° 100 qui transm.

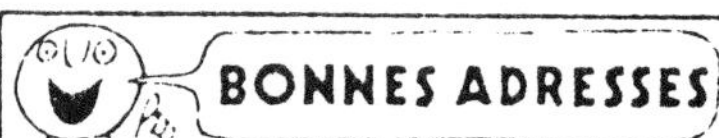

Vos douleurs vous gâchent la vie ? **BRACELET DE CUIVRE GAMMA.** Docum. gratuite ETS BURDEYRON
B.P. 1 CHANOS - 26600 TAIN

ESSAIMS-RUCHES JEAN GAMOT Apicult. Eleveur - 24170 BELVES.

MEUBLES ET SIEGES
Fabrication artisanale, soignée. Catal. c/8 tim. **AG CARPENTIER**
ST ETIENNE EN BRESSE
71370 ST GERMAIN DU PLAIN

COTON POUR CROCHET
I Vente directe 3 kg min. Echant. et prix être 5 F. **BOBINAGE DU VELAY.** 12. r B. Marcet - 43000 LE PUY.

VINS FINS D'ALSACE MEDAILLES : CH. SCHLERET — 68230 Turckheim.

Collections privées Françaises Recherchons : Sculptures, Bronzes Marbres et tableaux anciens...
TEL. 886.26.35 PERMANENT

Fabrique de pendules rustiques Demand. photos à COOP LA MONTRE **35, rue Neuve - 25500 MORTEAU.**

Code pour les petites annonces

alt – altitude	jrs – jours
appt(s) – appartement(s)	juil – juillet
cft – confort	L/loc – location
ch/cher – cherche	logt – logement
chbres – chambres	min – minimum
conf – confortable	pers – personne(s)
ctre – contre/centre	pr – pour
cuis – cuisine	préfér – préférence
ds – dans	q.q. – quelques
échant – échantillon	r – rue
écr – écrire	rég – région
enf/enfts – enfants	rgts – renseignements
expér – expérimenté(e)	rte – route
fam – famille	SdB – salle de bains
fco – franco	séj – (salle de) séjour
gar – garage	sem – semaine
gd(e) – grand(e)	stand – standing
grat – gratuit	ts – tous
indép – indépendant(e)	tt(e) – tout(e)
J.F. – jeune fille	vac – vacances
jard – jardin	

Maintenant répondez aux questions suivantes sur les annonces désignées:

1 Que cherche la jeune fille comme emploi? Ce sera son premier poste?
(voir annonce A)

2 Qu'est-ce que Pascal espère vendre? Pourquoi s'est-il demandé ‹à quoi bon vivre?›?
(voir annonce B)

3 Décrivez la maison à louer dans le petit village du Lot.
(voir annonce C)

4 Qu'est-ce que le garçon de quinze ans offre de faire? Où veut-il séjourner?
(voir annonce E)

5 Pourquoi le monsieur recherche-t-il une gouvernante pour ses enfants? Comment serait la gouvernante idéale?
(voir annonce H)

6 Qu'est-ce qu'on reçoit en envoyant 5 fr au Bobinage du Velay?
(voir annonce I)

(C) *Ecrivez en phrases entières les annonces suivantes:*

1 D
2 F
3 G

(D) *Ecrivez une petite annonce en copiant et complétant les cases ci-dessous et en vous servant du code pour les petites annonces.*

TARIF:

— Annonces à caractère privé : 18 F + TVA 17,60 % : 21,15 F la ligne
— Annonces à caract. commercial: 36 F + TVA 17.60 % : 42,30 F la ligne

Domiciliation à PUBLICAT : 18 F
(Ces frais concernent uniquement les personnes qui font paraître une annonce comportant un numéro).
TEXTE ET REGLEMENT A :

PUBLICAT

17, BD POISSONNIERE 75002 PARIS
(Chèque bancaire, mandat lettre ou C.C.P. 3 volets).
C.C.P. PUBLICAT n° 227-84 PARIS
Délai de parution : environ 15 jours.

(N'inscrire qu'une lettre par case. Laisser la valeur d'une case entre chaque mot. Ecrire en caractère d'imprimerie.) Indiquer vos nom, adresse ou n° de téléphone dans la grille pour les annonces non domiciliées.

III Dialogue (ou deux monologues?)

Personnages

Commis voyageur (CV)

Ménagère (M)

CV: Bonjour Madame. Sans doute avez-vous lu le dépliant le plus récent de notre compagnie ‹Encyclophone›, distribué la semaine dernière? Je suis le VRP affecté à votre quartier, et je voudrais vous expliquer les avantages de notre nouveau système électronique pour approfondir vos connaissances de l'univers...

M: Bof! Je ne m'y intéresse pas, moi! Tous ces trucs modernes, je ne m'y connais pas.

CV: Mais, chère Madame, laissez-moi vous démontrer jusqu'à quel point la qualité de la vie pourrait être enrichie grâce à nos cassettes merveilleuses qui sont le résultat d'une dizaine d'années de recherches entreprises par des professeurs de nos universités les plus célèbres. Possédez-vous un cassettophone par hasard?

M: Non, je n'en ai pas, et je n'en ai pas envie non plus. Vous me faites rire avec vos promesses en l'air.

CV: Deux minutes seulement, je vous en prie. Ce n'est pas mon intention de vous faire acheter quelque chose dont vous n'auriez pas besoin. Ce serait une astuce malhonnête. Réfléchissez, Madame: il est tellement facile d'écouter une petite cassette tout en faisant le ménage – d'ailleurs, c'est amusant à faire.

M: Amusant! Et vous croyez sans doute qu'il est amusant de rester là planté comme un chou à me raconter des bêtises pareilles! Je vais faire venir mon mari!

CV: Quelle bonne idée! Je pourrais lui faire entendre une de nos cassettes. Quel serait le sujet qui l'intéresserait le plus?

M: Ça alors! Je m'y attendais. Ça, c'est le comble! Restez là. Je le ferai venir tout de suite.

(A) *Répondez aux questions suivantes:*

1 Qu'est-ce que la compagnie ‹Encyclophone› a envoyé à la maison tout récemment?
2 A quoi sert le nouveau système électronique?
3 Qu'en pense la ménagère?
4 Est-ce qu'elle comprend l'électronique?
5 Combien de temps a-t-on mis à préparer les cassettes?
6 La ménagère a-t-elle un cassettophone?
7 Qu'est-ce qui l'a fait rire?
8 Selon le commis voyageur, a-t-il l'intention de lui faire acheter quelque chose?
9 Serait-il difficile d'écouter une cassette et de faire le ménage en même temps?
10 A qui est-ce que le commis voyageur va essayer de faire acheter une de ses cassettes?

(B) *D'après les modèles, transformez les phrases suivantes:*

Modèle 1 Il s'intéresse à l'électronique?
Oui, il s'y intéresse.

Modèle 2 Il a l'intention de vendre ses cassettes?
Oui, il en a l'intention.

1 Elle se moque de ses arguments?
2 Il met longtemps à expliquer le système?
3 Il a peur de perdre ses clients?
4 Elle doute de sa sincérité?
5 Elle résiste à ses astuces?

(C) *Suivant les modèles, complétez les phrases ci-dessous:*

Modèle 1 Il est obligé de voyager?
Oui, on **le** fait voyager.

Modèle 2 Il est obligé de vendre des cassettes?
Oui, on **lui** fait vendre **des cassettes.**

1 Il est obligé de parler beaucoup?
2 La femme est obligée d'écouter le VRP?
3 Les VRP sont obligés de tenir leurs promesses?
4 Les ménagères sont obligées de rester à la maison?
5 Elle est obligée de faire le ménage?

(D) *Appliquez le nouveau modèle aux phrases suivantes:*

Modèle Il a fait construire la maison?
Oui, il **l'**a fait construire.

1 La compagnie a fait distribuer les dépliants?
2 Ils ont fait venir le médecin?
3 Il a fait pleurer ta mère?
4 Elles ont fait travailler les femmes de ménage?

NE PERDEZ PAS PIED!

(E) *Comblez les vides en utilisant le passé simple des verbes indiqués:*

Madame Laurent faisait son ménage. Soudain un bruit de pas se FAIRE entendre devant la porte d'entrée. On FRAPPER trois fois à la porte, mais Madame Laurent VOULOIR y faire la sourde oreille. Les trois coups ÊTRE répétés, cette fois plus fort, et elle DEVOIR aller ouvrir. Elle se DIRIGER à toute vitesse vers la porte, l'OUVRIR, et VOIR sur le seuil un jeune homme barbu qui portait une valise. Il lui SOURIRE et PRENDRE dans sa valise un grand dépliant bariolé qu'il lui TENDRE d'un geste hardi. Il n'AVOIR pas le temps de lui adresser la parole, car elle REPOUSSER impatiemment la brochure. Le jeune homme ne POUVOIR s'empêcher de serrer les dents.

Ils se TAIRE pendant quelques secondes et FINIR par se fixer à qui mieux mieux. Ce ÊTRE la dame qui ROMPRE le silence, en lui disant qu'elle était très occupée. D'abord le jeune homme ne SAVOIR que répondre, puis il lui VENIR une bonne idée. Il COMMENCER par lui expliquer les avantages de faire le ménage tout en écoutant une cassette ‹Encyclophone›. Cela ne PRODUIRE aucun effet sur Mme. Laurent. Elle lui COUPER la parole et ne lui PERMETTRE pas de continuer. Elle s'en ALLER chercher son mari, mais le VRP ne PARAÎTRE pas dissuadé par cette manoeuvre. Les Laurent REVENIR en un rien de temps, et les deux hommes se DÉVISAGER avec méfiance.

(F) *Après cet échec le VRP décide de quitter les Laurent et de frapper à la porte de la maison d'à côté. Mettez-vous en paires et préparez un dialogue entre le VRP et le voisin/la voisine des Laurent. Présentez votre dialogue aux autres élèves.*

IV Tremplin

SUIVONS LE COURANT!

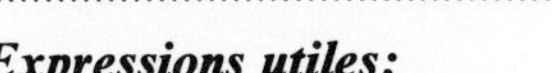

Expressions utiles:

faire de la publicité (pour) – to advertise
faire le plein – to fill up (car)
ainsi de suite – so on and so forth
il en résulte que – the result is/it turns out that
autant que possible – as much as possible
une vedette quelconque – some star or other
un produit ‹en promotion› – a product on special offer
il va sans dire que – it stands to reason that
pousser qqn à + INF. – to urge s.o. to
à tout moment – at any time
faire la moue – to pout, pull a long face
à quoi bon + INF. – what's the point of...?
un appartement ‹grand standing› – a luxury flat
je ne m'y connais pas – I don't know anything about it

par hasard – by chance
une promesse en l'air – an empty promise
je vous en prie – *please*/don't mention it
sans doute – probably
sans aucun doute – without doubt
planté comme un chou – standing there like a lemon
ça c'est le comble! – that's the last straw!
faire le ménage – to do the housework
tenir une promesse – to keep a promise
se faire entendre – to be heard
faire la sourde oreille à – to turn a deaf ear to
à toute vitesse – at full speed
avoir envie de + INF. – to feel like
il ne put s'empêcher de + INF. – he couldn't help...
serrer les dents – to grit/clench one's teeth
à qui mieux mieux – trying to outdo each other
rompre le silence – to break the silence
il ne sut que répondre – he didn't know what to reply
il lui vint une idée – an idea came to him/her
couper la parole à qqn – to cut s.o. short, interrupt
en un rien de temps – in next to no time
un de ces quatre matins – one of these fine days
le train-train journalier – the daily grind
le boulot-métro-dodo – the daily routine
en avoir marre – to be fed up to the back teeth
se mettre à l'écart de – to get out of the way of
n'avoir qu'à + INF. – to only have to...
pêle-mêle – any old how
se donner la peine de + INF. – to bother to
de rigueur – strict, absolute
c'est toujours la même chanson – it's always the same old story

(A) *Translate into English:*

C'était le quatorze février. Mme. Bizet poussait son chariot plein de marchandises vers la caisse. La vie semblait monotone, frustrante, vide. «Un de ces quatre matins,» se disait-elle, «ce sera différent. Le train-train journalier, le boulot-métro-dodo, tout cela sera balayé, car enfin moi, j'en ai marre.»

Elle déchargea son chariot, déposant les paquets, les boîtes et les sacs sur le tapis roulant, grommelant entre les dents et se plaignant de son sort triste. Ce fut à cet instant-là qu'elle entrevit une phrase en gros caractères au verso d'un paquet de nouilles. ‹Séjour en Californie – concours ci-dessous›. Elle paya la caissière, remit les marchandises dans le chariot et, serrant le paquet en question sous le bras gauche, se mit à l'écart des autres ménagères afin de regarder les instructions et les promesses de plus près. ‹Vous n'avez qu'à rassembler cinq dessus de paquets de nos nouilles et à répondre à ces quatre questions très simples›... Elle parcourut les autres phrases, le coeur palpitant d'émotion. Elle jeta les marchandises pêle-mêle dans le coffre de la voiture, retourna à l'hypermarché et s'acheta encore quatre paquets gigantesques des pâtes en promotion. Tout émue, elle rentra chez elle, ne se donna même pas la peine de ranger les choses qu'elle avait achetées et se mit à écrire ses réponses aux questions.

Quelle fut son horreur de voir la date écrite en bas du paquet: ‹Délai prescrit: le treize février.›

Sauf les années bissextiles! (Faizant)

(B) *Traduisez en français:*

1 Those who use 'Dentalo' never have tooth decay. Buy this toothpaste now! It's the one that all children need.
2 He's interested in it, but we don't feel like it.
3 They made him open the suitcase and then let him distribute the pamphlets.
4 It's easy to listen to these cassettes, isn't it?
5 Those are the last brochures that we had printed.

(C) *Racontez l'histoire du Père Lacloche représentée dans la bande dessinée. (130 à 140 mots)*

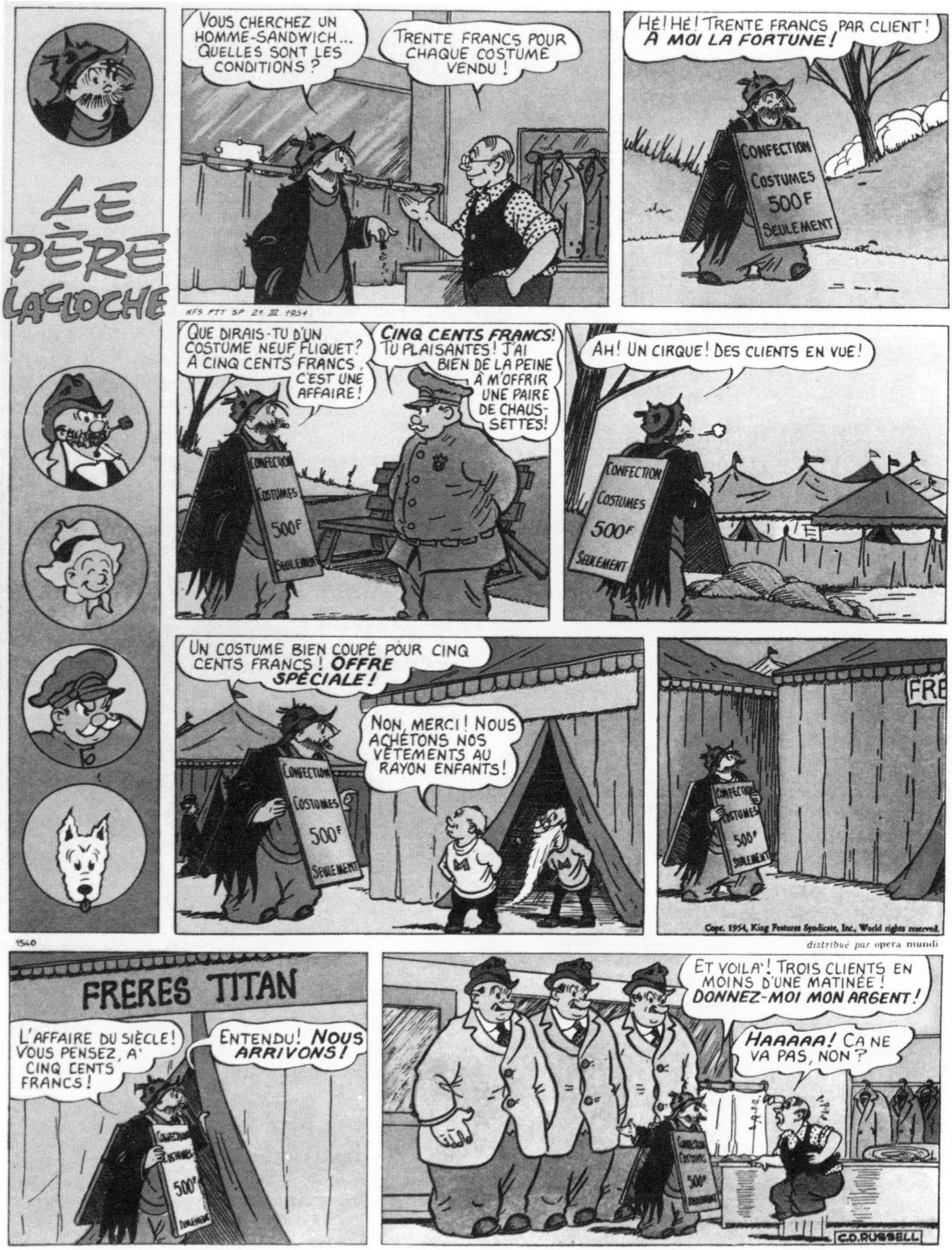

LE PÈRE LACLOCHE

VOUS CHERCHEZ UN HOMME-SANDWICH... QUELLES SONT LES CONDITIONS ?

TRENTE FRANCS POUR CHAQUE COSTUME VENDU !

HÉ! HÉ! TRENTE FRANCS PAR CLIENT ! **À MOI LA FORTUNE !**

CONFECTION COSTUMES 500F SEULEMENT

KFS FTT SP 21 III 1954

QUE DIRAIS-TU D'UN COSTUME NEUF FLIQUET ? À CINQ CENTS FRANCS, C'EST UNE AFFAIRE !

CINQ CENTS FRANCS ! TU PLAISANTES ! J'AI BIEN DE LA PEINE À M'OFFRIR UNE PAIRE DE CHAUSSETTES !

AH! UN CIRQUE! DES CLIENTS EN VUE !

UN COSTUME BIEN COUPÉ POUR CINQ CENTS FRANCS ! **OFFRE SPÉCIALE !**

NON, MERCI ! NOUS ACHÉTONS NOS VÊTEMENTS AU RAYON ENFANTS !

FRE

1540

distribué par opera mundi

(D) *Au supermarché*
Triez les expressions et les mots suivants pour trouver la traduction correcte:

1	the shopping-trolley	la télésurveillance
	the plastic bag	le voleur à l'étalage
	the piped music	le tapis roulant
	the freezer	la caissière
	the shopping bag	le rayon
	the closed-circuit TV	le chariot
	the conveyor-belt	le cabas
	the shoplifter	le congélateur
	the department	le sac en plastique
	the check-out girl	la musique de fond
2	end of line	en promotion
	special offer	marque déposée
	see the manager	fabriqué en France
	keep in a cool place	s'adresser au gérant
	vacuum-packed	offre exceptionnelle
	sale items	date de limite de vente
	on offer	fin de série
	made in France	emballé sous vide
	sell-by date	produits en solde
	trademark	tenir au frais

(E) *Ecoutez l'histoire que votre professeur va vous lire et écrivez-la en 130 à 140 mots. Utilisez le schéma ci-dessous:*

Monique Vallon – annonces à la télé – rêves renoncés – métier monotone – séquence de film publicitaire – scénario – se mettre à chanter – les ‹danseurs-vaches› – accident – décision de Monique – rencontre inattendue – rôle offert et pourquoi

(F) *Débat et dissertation*

‹Quelles sont les astuces du métier de la publicité?›

Illustrez vos observations en utilisant des réclames que vous avez trouvées vous-même.

DANS LE MÊME BAIN!

(G) *Vous travaillez pour SOFRES*, une des grandes organisations françaises qui inventent des sondages. Vous êtes chargé de passer une journée dans un centre commercial où vous devez poser des questions aux passants sur les magasins qu'ils préfèrent et les produits qu'ils achètent. Ecrivez des dialogues assez courts et puis mettez-vous en petits groupes pour lire les dialogues en classe ou pour les enregistrer.*

Consultez votre dictionnaire au fur et à mesure.

(**Société française des sondages*)

CHAPITRE 6
Les média et la culture

I La télé partout . . .

Les caméras sur place, les images à chaud... c'est le journal de vingt heures à la télévision. Emeutes dans les rues... les policiers lancent des grenades lacrymogènes sur la foule... le reporter à l'antenne, micro à la main, hurle son commentaire à plein gosier.

— Rien d'intéressant à la télé ce soir.
— Tiens, ce reporter-là, il portait une barbe la dernière fois, n'est-ce pas?
— Mais on avait programmé une émission de variétés pour ce soir!
— Bof! La télé, j'en ai ras le bol!
— Branche le magnétoscope et mets un bon film, veux-tu?

(FAMILLE TOULON)

Ne sachant plus réagir aux atrocités humaines, ces téléspectateurs sont conditionnés par l'image qui s'impose à leurs yeux à travers le petit écran. Ils ne sont plus capables de juger. Chez les voisins, il se passe autre chose...

— Quand je pense que ça se passe à l'autre bout du monde et qu'on voit tout en direct! Les pauvres!
— Les reporters sur cette chaîne expliquent les sujets à l'ordre du jour en les approfondissant d'une manière tout à fait remarquable.
— On devrait l'enregistrer pour le débat demain à l'école.
— Ça donne une perspective totalement différente de celle du quotidien.
— Oui, ce qu'on voit est toujours plus frappant que ce qu'on lit.

(FAMILLE VERDIER)

(Teich)

Dans ce cas, on a gardé l'esprit critique; on est resté sensible aux malheurs humains ainsi qu'à la nécessité de prendre de tels événements au sérieux. Ce ne sont pas des ‹télébrutis›, des ‹toxicos› de la machine: ce sont des êtres pensants. On est servi, pas asservi, principe nécessaire pour cette époque de l'informatique et des ordinateurs.

(A) *Répondez aux questions suivantes:*

1 De quelle émission s'agit-il?
2 Comment les policiers essaient-ils de disperser la foule?
3 Résumez les réactions de la première famille à l'émission, suivant ses différentes observations.
4 Que pense-t-elle des atrocités humaines présentées à la télévision?
5 Résumez les réactions des voisins à l'émission, d'après leurs observations.
6 Comment considèrent-ils les événements?
7 Expliquez autrement en français: (i) à chaud; (ii) émeutes; (iii) J'en ai ras le bol; (iv) à travers; (v) le quotidien; (vi) approfondir; (vii) ‹toxicos›.
8 Que pensez-vous des attitudes de ces deux familles? Les trouvez-vous trop extrêmes?

(B) *Comblez les vides:*

1 Ils sont conditionnés – l'image qui s'impose – leurs yeux – – le petit écran.
2 Le reporter – l'antenne, micro – la main, hurle son commentaire – plein gosier.
3 On avait programmé une émission – variétés – ce soir.
4 On est resté sensible – malheurs humains ainsi qu' – la nécessité – prendre – tels événements – sérieux.
5 Les caméras – place, les images – chaud... c'est le journal – 20 heures – la télévision.
6 Ça se passe – l'autre bout – monde et on voit tout – direct.
7 Rien – intéressant – la télé ce soir.

Samedi 25 décembre

PREMIÈRE CHAÎNE : TF 1

9 h Foi et traditions des chrétiens orientaux.
9 h 30 Orthodoxie.
10 h Présence protestante.
11 h Le jour du Seigneur.
Messe de Noël en la cathédrale Saint-Etienne-de-Passsau (R.F.A.), prédicateur, Mgr Antonius Hofmann.
11 h 55 Bénédiction papale.
En direct de la place Saint-Pierre de Rome.
12 h 30 Court métrage.
13 h Journal.
13 h 25 La petite maison dans la prairie.
14 h 15 Destination Noël.
15 h 45 Le monde perdu.
16 h 35 Dramatique: Alice au pays des merveilles.
Jean-Christophe Averty a adapté avec son génie habituel et ses trucages électroniques ce « chef-d'œuvre du non-sens et du présurréalisme ». Pour les jeunes et les moins jeunes.
18 h 40 Trente millions d'amis.
19 h 45 S'il vous plaît.
20 h Journal.
20 h 35 Série: Dallas.
L'abominable J.-R., pour rétablir son pouvoir, va jusqu'à violer les lois fédérales.
21 h 35 Variétés : Paris danse 1900.
Sur une chorégraphie de Roland Petit, réal. M. Brockway, avec Zizi Jeanmaire et le Ballet national de Marseille.
Suite de danses et de chansons du tournant du siècle. Une conception américaine du Paris de la Belle Époque.
22 h 30 Les pianistes de bar.
Réalisation A. Halimi.
Qu'il le fasse par vocation ou par nécessité, le pianiste de bar a contre lui le bruit des dîners et des conversations. Il joue contre les gens, un pis-aller ou un tremplin, c'est selon.
Avec G. Lebreton, H. Morgan, S. Gainsbourg, A. Romans, J. Dieval, D. Cowl, A. Reverend, L. de Funès.
23 h 25 Contes de Noël.
23 h 35 Journal.

DEUXIÈME CHAÎNE : A 2

10 h 15 A.N.T.I.O.P.E.
10 h 55 Journal des sourds et des malentendants.
11 h 15 Idées à suivre.
12 h 10 La vérité est au fond de la marmite.
12 h 45 Journal.
13 h 35 Téléfilm : la Cible.
De D. Balluck, réal. R. Compton (1re partie).
Les aventures du colonel Cardiff, traqué par la justice, à la fin du XIXe siècle dans l'ouest des États-Unis.
15 h 15 S.V.P. Disney.
16 h 15 Récré A 2.
17 h 45 Musique : Pierre et le loup.
Un conte musical de Prokofiev, avec l'Orchestre symphonique de R.T.L.-Télévision.
18 h 15 L'arbre de Noël de l'Elysée.
18 h 50 Jeu des chiffres et des lettres.
19 h 15 Dessins animés.
19 h 45 Le théâtre de Bouvard.
20 h Journal.
20 h 35 Variétés : Champs-Elysées.
De M. Drucker.
Hommage au cirque. Avec R. Magdane, Carlos, P. Danel, G. Majax et des numéros de cirque.
21 h 50 Téléfilm : Quatuor Basileus.
De F. Carpi (1re partie).
Avec H. Alterio, O. Antonutti, P. Malet, M. Vitold, A. Cuny...
Trois musiciens, à l'automne de leur vie, sont confrontés à la solitude, aux dures réalités du quotidien mais aussi à un jeune et beau violoniste qui se joint à eux : pathétique.
23 h 15 Journal.

TROISIÈME CHAÎNE : FR 3

15 h Pour les jeunes.
19 h 10 Journal.
19 h 20 L'étoile des bergers.
19 h 55 Dessin animé.
20 h Les petits papiers de Noël.
20 h 35 Téléfilm : La steppe.
D'après A. Tchekhov, réal. J.-J. Goron, avec C. Rouvel, R. Jourdan, D. Doll...
(Lire notre article page 15)
22 h 40 Journal.
23 h 10 Prélude à la nuit.
Spécial fêtes de Noël : Die Weihnachtsoratorium Cantata de J.-S. Bach, avec le Domspatzen de Regensburg.
23 h 40 Bonne année.

(C) *Complétez les définitions suivantes:*

1 Une petite bombe à gaz qui fait pleurer, c'est une . . .
2 Mettre sur bande magnétique, c'est . . .
3 Hurler très fort, c'est crier à . . .
4 Un téléspectateur sans intelligence, c'est un . . .
5 Le domaine de la science qui s'occupe de la microélectronique et des ordinateurs, c'est l' . . .

D'après les exemples ci-dessus, inventez des définitions:

6 Un magnétoscope, c'est . . .
7 Brancher, c'est . . .
8 A l'antenne, c'est . . .
9 Frappant, c'est . . .
10 Un ordinateur, c'est . . .

(D) *Répondez aux questions suivantes:*

1 De quelle chaîne s'agit-il?
2 A quelle heure la soirée commence-t-elle et finit-elle?
3 ‹L'Ours Paddington› est quelle sorte d'émission?
Combien de temps dure-t-elle?
4 Quelle est l'émission présentée par Juliette Mills?
Que sont le lièvre et la tortue?
5 A quelle heure peut-on voir les informations?
6 Quelle est la région ‹sous la loupe› à huit heures moins vingt?
7 ‹Tribune libre› est quel genre d'émission? (un feuilleton/un débat/un western/une émission de variétés?)
8 Combien de fois par semaine est-ce qu'on peut voir ‹FR3 Jeunesse›?
9 Le film dure combien de temps? Il est en noir et blanc?
10 Qui est Topaze?
11 Combien de fois cette pièce a-t-elle été transformée en film?
Que pense Michel Marmin de cette version?
12 Quel est l'avis de l'Office Catholique concernant ce film?

3 LUNDI 31 MARS

18.30 FR 3 JEUNESSE

HEBDO-JEUNES
Émission d'Arielle Naude
Actualités pour les jeunes

18.50 LE LIÈVRE ET LA TORTUE

Émission de Jacques Solness
Réalisation d'Henri Carrier

Jeu de questions et réponses, présenté par Juliette Mills, sur un thème donné. La tortue-chronomètre avance inexorablement ; au candidat lièvre de bondir assez vite en répondant juste.

18.55 TRIBUNE LIBRE

Émission de Jean-Claude Courdy
Semaine consacrée à « la femme dans la société »

Françoise Mallet-Joris, écrivain, s'entretient avec François Nourissier de l'autocensure chez la femme. Les problèmes de la femme écrivain, sa timidité à aborder certains sujets.

19.10 SOIR 3

19.20 ACTUALITÉS RÉGIONALES

19.40 TÉLÉVISION RÉGIONALE

Ile-de-France
PAGE TROIS : SPORTS
Présentation de Denis Ferdet
Le champion du mois

19.55 DESSIN ANIMÉ

L'OURS PADDINGTON
Treizième épisode
UN COUP DE CISEAU DE TROP

Garçon-coiffeur, c'est la nouvelle vocation de Paddington. A un cheveu près, il va friser la catastrophe.

20.00 LES JEUX DE 20 HEURES

Émission de Jacques Antoine et Jacques Solness
Diffusée de Lunel (Hérault)
Animation par Maurice Favières et Jean-Pierre Descombes
Arbitre : Jacques Capelovici
Invités parisiens : **Daniel Hamelin, Lyne Chardonnet** et **Patrick Topaloff**
Mot-clé : *VIDOURLE.*

Les candidats sont invités a se présenter Place de l'Eglise à 13 h 30 et 15 h (mots : VIDOURLE et CLAUSADE).

20.30 CINÉMA PUBLIC

TOPAZE

Film français en couleur (1950)
Durée : 2 h 15
RÉALISATION DE MARCEL PAGNOL
ADAPTATION ET DIALOGUES DE MARCEL PAGNOL,
MUSIQUE DE RAYMOND LEGRAND
PRODUCTION DES FILMS MARCEL PAGNOL
Précédente diffusion en avril 1974

Topaze .... **Fernandel**
M. Muche .... **Marcel Vallée**
Tamise .... **Pierre Larquey**
Ernestine Muche .... **Jacqueline Pagnol**
Mme Pitar-Verniolle .... **Milly Mathis**
Castel-Bénac .... **Jacques Morel**
Roger-Gaston de Bersac .... **Jacques Castelot**

Le naïf Topaze, professeur à la pension Muche, est injustement chassé par le directeur qui veut donner satisfaction à la riche Mme Pitar-Vernìolle, mère d'un cancre. Topaze est désemparé, d'autant plus qu'il est amoureux de Mlle Ernestine Muche. Pourtant, il va se laisser séduire par la belle Suzanne Courtois, qui fait de lui l'homme de paille de Castel-Bénac, politicien peu scrupuleux.
L'innocent Topaze apprend bientôt le rôle peu reluisant qu'on lui fait jouer. Mais, étouffant ses scrupules, il se lance dans les affaires. A son tour, il peut prendre sa revanche.

L'AVIS DE MICHEL MARMIN

Marcel Pagnol a tiré de cette pièce trois versions cinématographiques. Celle-ci n'est pas malheureusement la meilleure en dépit d'une réalisation extrêmement soignée. Si l'interprétation de Fernandel est excellente, l'ensemble manque un peu de vie et de profondeur.

OFFICE CATHOLIQUE:
POUR ADULTES

Le Monde

II Des feuilles qui poussent

Les gros titres du samedi 15 septembre 1979: *Des nouveaux-nés pour la grande famille de la presse écrite française.* C'est l'apparition simultanée de suppléments dans la plupart des quotidiens parisiens. *Le Matin de Paris* a déjà le sien, *le Monde* et *le Figaro* lancent le leur cette semaine, *l'Aurore* (retardé pour des raisons techniques) et *France-Soir* – le 14 octobre en principe – mêleront bientôt leurs voix au concert. La majorité des quotidiens régionaux (*Ouest-France, l'Alsace,* par exemple) réalisent depuis longtemps un journal du septième jour. A Paris – à l'exception du *Journal du dimanche* – les quotidiens nationaux n'avaient pas encore tenté l'aventure, essentiellement pour des questions de distribution.

Mais le projet le plus coûteux de cette année ne verra le jour que le 9 janvier 1980. On a retenu cette date pour le lancement d'un nouveau titre: *Paris-Hebdo*. Le démarrage de cette nouvelle publication qui a comme modèle le *New York Magazine* a exigé un investissement d'entre 20 et 30 millions de francs. On a confié le projet à M. Jean-François Fogel, ancien journaliste de *Libération*. Une équipe d'une quarantaine de journalistes – dont certains de *Libération*, de *Paris-Métro*, de *Télérama*, du *Matin de Paris*, permanents ou pigistes, sont en train de préparer ce journal nouveau.

Ce sera un guide pour les spectacles, les restaurants, les ‹boutiques›, et articles les plus insolites, la musique, la culture sous toutes ses formes. En ce qui concerne le tirage, l'objectif de *Paris-Hebdo* – qui comptera une centaine de pages – est de diffuser cent mille exemplaires par semaine sur Paris et ses environs.

(*Le Monde*)

(A) *Answer in English:*

1 What are the new supplements compared to at the beginning of the article?
2 Why has *l'Aurore* not yet produced its supplement?
3 What sort of papers are *Ouest-France* and *l'Alsace*?
4 What is their position regarding supplements?
5 Why had the national dailies not tried them out before?
6 What was scheduled for 9th January 1980?
7 What was it based on and what were the costs involved?
8 Who was M. Jean-François Fogel?
9 Which two types of journalists are working on the project?
10 What kind of information will *Paris-Hebdo* include?
11 How long will it be?
12 What is the circulation target?

(B) *Comblez les vides:*

1 – 14 octobre – principe
2 la culture – toutes – formes
3 *le Monde* et *le Figaro* lancent – – cette semaine
4 il sont – train – préparer ce journal nouveau
5 dans – plupart – quotidiens parisiens
6 Mais – projet – – coûteux – cette année
7 – l'exception – *Journal du dimanche*
8 Une équipe d'– quarantaine – journalistes
9 un investissement d' – 20 – 30 millions – francs
10 – – – concerne le tirage, l'objectif...est – diffuser cent – exemplaires – semaine – Paris et – environs.

(C) *Trouvez des expressions ayant le même sens dans le passage:*

1 les moins courants
2 n'avaient pas couru de risques
3 on a mis le projet entre les mains de
4 quant au tirage
5 s'y joindront bientôt
6 préparent actuellement
7 apparaîtra seulement
8 dans tous ses aspects
9 la mise en vigueur
10 qui contiendra environ cent pages

(D)

(X) **SITUATION LE 11.01.80 A 0h G.M.T.**

(Y) **PRÉVISIONS POUR LE 12.01.80 DÉBUT DE MATINÉE**

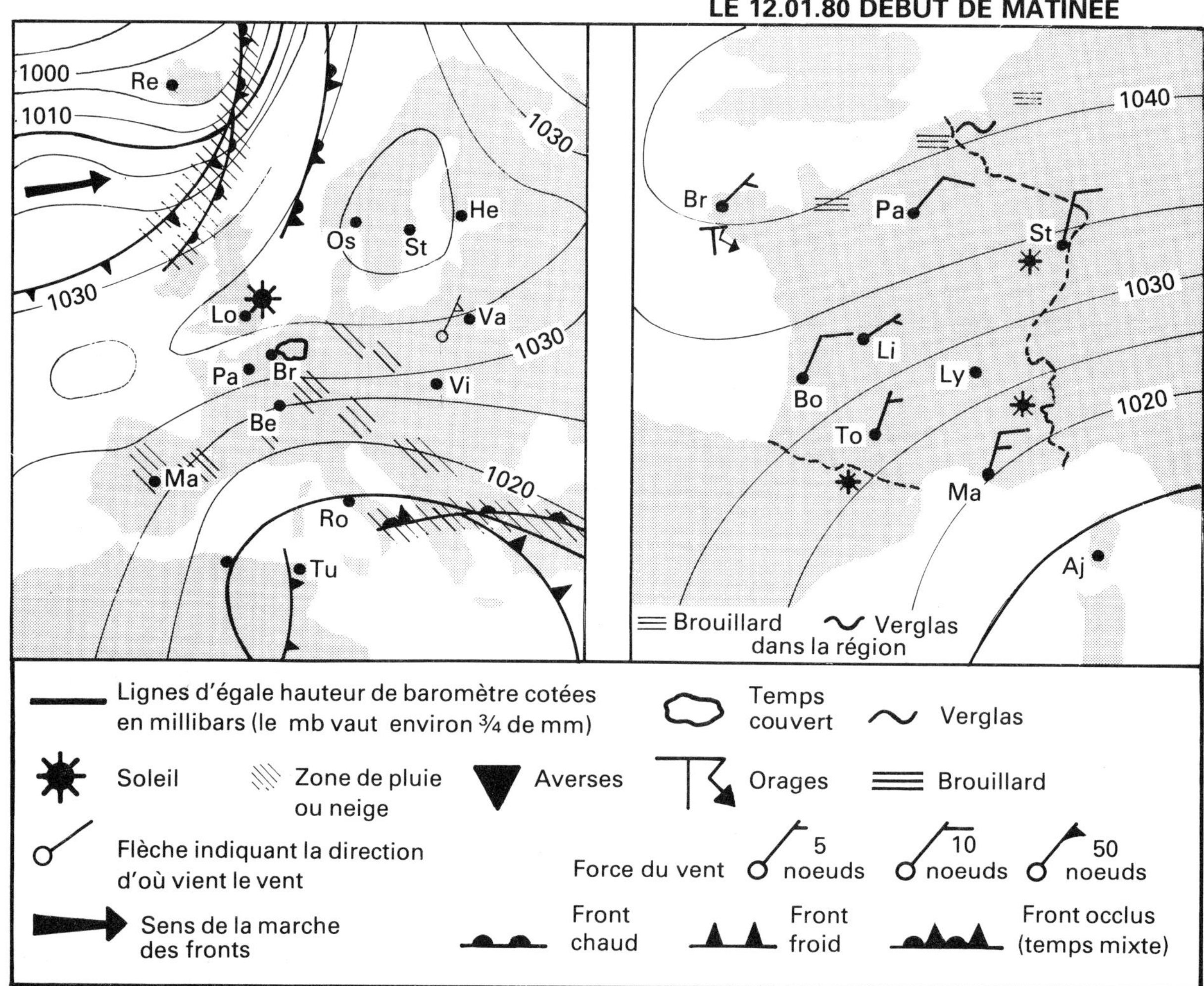

(X) Be = Berne
Br = Bruxelles
Lo = Londres
Ma = Madrid
Os = Oslo
Pa = Paris
Ro = Rome
Va = Varsovie
Vi = Vienne

1 Quel temps fait-il à Madrid?
2 Fait-il beau sur la côte algérienne?
3 Neige-t-il à Londres?
4 Quel temps fait-il à l'ouest d'Oslo?
5 Quel temps fait-il au nord de Varsovie?
6 Quel temps fait-il à l'est de Bruxelles?

(Y) Bo = Bordeaux
Br = Brest
Li = Lille
Ly = Lyon
Ma = Marseille
Pa = Paris
St = Strasbourg
To = Toulouse

1 Où fait-il du brouillard?
2 Fait-il du vent dans toutes les villes marquées?
3 Dans quel pays y a-t-il du verglas?
4 Quel temps fait-il au sud de Brest?

Maintenant résumez les prévisions météo pour (i) les différentes régions de France (ii) les pays d'Europe représentés sur la carte.

III Une fois sorti de la salle . . .

Etant rentré de son travail, Thomas Lebesque, célibataire et petit fonctionnaire au ministère des Travaux Publics, enleva son vieil imperméable, rangea sa serviette et fit réchauffer ce qui restait du café qu'il avait préparé avant de partir pour le bureau ce matin-là. Il s'assit, déplia son journal, consulta le guide des spectacles à la page douze. C'était vendredi, jour de son excursion hebdomadaire au cinéma du quartier, cela étant le point culminant de sa semaine.

Après avoir parcouru les rubriques, il tomba sur une annonce qui lui sauta aux yeux immédiatement. Il s'agissait d'un film science-fiction intitulé ‹Bataille de l'Espace› (interdit aux moins de treize ans). Séances: 20h30 et 22h10. Il jeta un coup d'oeil sur sa montre – quarante minutes avant la première séance! Après s'être endimanché, il se regarda dans la glace, s'assura qu'il avait assez d'argent dans son porte-monnaie et se mit en route. Une demi-heure plus tard il se trouva devant le cinéma.

Ayant demandé son billet d'entrée, l'ouvreuse l'installa au premier rang afin de recevoir un bon pourboire de ce client régulier, et Thomas se trouva à côté d'une blonde de grande taille qui devait approcher de la quarantaine et qui était en train de grignoter bruyamment des cacahuètes. Les lumières baissèrent, les rideaux s'ouvrirent. Après dix minutes de films publicitaires les rideaux se refermèrent et les vendeuses ambulantes se placèrent dans tous les coins de la salle.

— La semaine dernière je me suis offert une glace framboise. Ce soir ce sera un paquet de cacahuètes pour tenir compagnie à ma chère voisine, se dit Thomas. Le spectacle recommença, et le générique du grand film apparut à l'écran.

L'action se passait sur une planète quelconque, dont les habitants ressemblaient curieusement à des Américains de tous les jours. Le héros, un type bronzé aux biceps énormes, passait tout son temps à tuer des savants démoniaques et à faire l'amour à de jolies petites nymphes de l'espace qui avaient à peine deux mots à dire dans le scénario. A un moment donné il survint une amazone blonde en peau de léopard et que le héros réussit à apprivoiser après une lutte interminable d'où il sortit vainqueur.

A la fin du film Thomas se leva, tout ému, et sortit de la salle, la tête pleine des séquences les plus passionnantes. Arrivé dans la rue, il sentit s'avancer vers lui une forme féminine gigantesque. Il était sur le point de se préparer au combat, quand il se ravisa. C'était sa voisine de tout à l'heure, vêtue de son manteau de faux léopard.

— Excusez-moi, monsieur, je crois que ceci est à vous, fit-elle, en lui tendant un paquet à demi vide de cacahuètes.

(A) *Trouvez la réponse correcte:*

1 Thomas Lebesque
(a) était marié
(b) ne voulait jamais se marier
(c) n'était pas marié
(d) n'était plus marié

2 Il fit réchauffer de café
(a) avant de s'asseoir
(b) avant de partir pour le bureau
(c) avant de ranger sa serviette
(d) avant d'enlever son imperméable

3 Il allait au cinéma
(a) deux fois par semaine
(b) tous les jours
(c) une fois tous les quinze jours
(d) une fois tous les huit jours

4 Il choisit son film
(a) ayant couru chez le marchand de journaux
(b) étant tombé dans un fauteuil
(c) ayant regardé l'heure
(d) ayant consulté les annonces

5 Il sortit de chez lui
(a) après avoir pris son billet d'entrée
(b) après s'être fait élégant
(c) après avoir mangé une glace
(d) après être monté chercher de la monnaie

6 La blonde au cinéma
(a) avait 40 ans environ
(b) s'approcha de Thomas
(c) avait dû manger une quarantaine de cacahuètes
(d) portait un tailleur qui était trop grand

7 Thomas a acheté des cacahuètes
(a) parce qu'il n'aime pas les glaces framboise
(b) parce qu'on avait déjà acheté la dernière glace
(c) parce qu'il voulait imiter sa voisine
(d) parce qu'on ne lui avait pas offert de glace

8 Le héros du film passait son temps
(a) à se bronzer
(b) à tuer des démons
(c) à relire le scénario à grand-peine
(d) à séduire de jolies jeunes filles

9 En sortant de la salle, Thomas
(a) pensait toujours au film
(b) s'avança vers une femme
(c) se sentait en pleine forme
(d) vit une scène passionnante dans la rue

10 Il était prêt à se battre
(a) après avoir parlé à sa voisine de tout à l'heure
(b) ayant vu sa voisine ravissante
(c) avant de changer d'idée
(d) après s'être vêtu de son manteau

(B) *Suivant le modèle, transformez les phrases dans la case:*

Modèle: **ayant vu le film**	**après avoir vu le film**
ayant parcouru le journal	
étant sorti de la salle	
	après être entrés au cinéma
s'étant placées dans tous les coins	
	après s'être levé
	après l'avoir fait réchauffer
s'y étant regardé	

(C) *Choisissez chaque fois une construction qui convient:*

1 Il regarda dans son porte-monnaie . . . voir s'il y avait de l'argent.
2 Il donna un pourboire à l'ouvreuse . . . s'asseoir.
3 Elle était . . . s'endimancher quand elle déchira son manteau.
4 Ils étaient . . . s'adresser la parole quand le générique apparut à l'écran.

en train de
avant de
afin de
sur le point de

(D) *Trouvez dans le passage le contraire des expressions et mots suivants:*

1 le point le plus bas
2 permis
3 silencieusement
4 plia
5 spécifique

6 manqua de
7 courte
8 vaincu
9 minuscule
10 hâve

NE PERDEZ PAS PIED!

(E) *Complétez les phrases:*

1 Il a réussi à apprivoiser l'animal?
Oui, il —— a réussi.
2 Elle s'est approchée du cinéma?
Oui, elle s'—— est approchée.
3 Ils sont obligés de rester chez eux?
Oui, on —— fait rester chez eux.
4 Elles sont obligées de faire leurs devoirs?
Oui, on —— fait faire leurs devoirs.
5 C'est votre villa?
Oui, c'est la villa que nous avons —— construire.

IV Tremplin

SUIVONS LE COURANT!

à l'écran – on the screen
à chaud – direct, hot from the press
à l'antenne – on the air
à la télé – on TV
à travers – through, via
à domicile – at home
à l'exception de – except for
à l'est/l'ouest de – to the East/West of
au nord/sud de – to the North/South of
au désespoir – in despair
à la page – up to date
à l'autre bout du monde – on the other side of the world

sur Paris – throughout Paris
sur place – on the spot
sur une chaîne – on a channel
sur le point de – about to

sous une forme – in a form

dans ce cas – in this case

en provenance de – originating from
en train de – in the middle of
en direct – directly
en principe – as a rule
en peau de léopard – dressed in a leopard skin

par semaine – per week
par la suite – subsequently

entre les mains de – in the hands of

j'en ai ras le bol – I'm sick to death of it
à l'ordre du jour – topical
prendre au sérieux – to take seriously
le petit écran – the (goggle) box
à plein gosier – at the top of one's voice
mettre sous la loupe – to have a good look at
mêler sa voix au concert – to chip in
tenter l'aventure – to give it a whirl
voir le jour – to come to light
en ce qui concerne/quant à – as regards...
sauter aux yeux – to hit you in the eye
jeter un coup d'oeil sur – to cast a glance at
approcher de la quarantaine – to be getting on for forty
tenir compagnie à qqn – to keep s.o. company
à un moment donné – at a given moment
tout à l'heure – just now (presently)
à grand-peine – with great difficulty
en pleine forme – in great shape
s'entretenir avec – to be in conversation with
tomber sur – to come across
de tous les jours – everyday, ordinary
à la hauteur de – on top of, able to cope with

(A) *Read the passage, then answer the two questions below:*

Alexandre Ledru, reporter-photographe au quotidien *l'Aube*, approchait de la trentaine. Il y travaillait depuis huit ans et demi et commençait à ‹en avoir ras le bol›. N'ayant jamais éprouvé la vraie satisfaction de son métier, il jetait un coup d'oeil de plus en plus fréquemment sur les petites annonces de son propre journal. Trouverait-il le poste idéal qui lui offrirait non seulement une vie d'aventures mais aussi un salaire sinon énorme, du moins assez important pour lui faire ressentir sa valeur? Le prendrait-on vraiment au sérieux un de ces quatre matins?

Un jour, pendant cette période incertaine de sa vie, son rédacteur lui demanda de tenir compagnie, pendant quelques heures, à une cliente qui était sur le point de lancer une campagne publicitaire concernant un nouveau produit de toilette.

— Bon, d'accord. Ça changera un peu, se dit-il et il s'apprêta à la rencontrer dans le bureau de son chef.

— Je vous présente Marie-France Dubourdieu, amie fidèle de notre journal, dont elle veut utiliser une page entière pendant toute une semaine.

— Enchanté, mademoiselle. Sans doute voudriez-vous vous assurer d'abord de notre capacité de créer une présentation convenable à vos besoins?

— Je vous remercie, monsieur. En effet, nos besoins sont formels. Pourriez-vous me montrer un peu comment elle fonctionne, votre section publicitaire? Je dois franchement vous mettre sous la loupe aujourd'hui, je suis désolée.

— Je vous en prie, mademoiselle. En ce qui concerne notre méthode de travailler, vous pouvez avoir toute confiance.

Après avoir passé trois heures à lui faire visiter les sections pertinentes de la compagnie, Alexandre transpirait visiblement. Il avait eu grand-peine à la convaincre que ses collègues à lui seraient à la hauteur de la situation, mais il y avait enfin réussi. Chose plus importante encore pour lui: le rédacteur l'avait félicité, en avouant que Mlle. Dubourdieu était une cliente redoutable.

— Sans vous on aurait pu la perdre comme cliente. Cette rencontre a vraiment mis en valeur vos talents. Vous êtes indispensable à notre journal et je vais recommander une forte augmentation de votre salaire ainsi qu'un avancement immédiat.

1 *Complete the following:*
Alexandre Ledru worked as a . . . for *l'Aube*, which is . . . He'd been there for . . . and felt . . . because . . . He was looking for the ideal job which would give him . . . and . . . so that he would . . . One day his editor asked him to meet . . . who was about to . . . He agreed because . . . She was introduced to him as . . . and he was told that she wanted to . . . He realised that she would need to . . . She wanted to see the . . . in action and apologised for . . .

2 *Translate the last section of the passage into English* (Après avoir. . . avancement immédiat.)

(B) *Traduisez en français:*

1 She was about to telephone the editor when she had second thoughts.
2 Before going to the cinema they looked at the film guide so as to check the times.
3 They were just listening to the radio when their neighbour knocked on the door.
4 After reading the headlines she dropped the paper in despair.
5 Once she'd arrived, she decided to sit down in the front row.
6 After dressing up in their Sunday best, they went out of the house.
7 Once he'd tipped the usherette, he made his way to his seat.

(C) *En vous servant du schéma ci-dessous, écrivez au passé une histoire de 130 à 140 mots:*

journaliste enthousiaste – réunion d'un parti politique – le discours du leader – prendre des notes – quelques fautes et malentendus – parution de l'article – leader furieux – porter plainte au rédacteur en chef – journaliste congédié

(D) *Listen to the passage that your teacher is now going to read and then answer the questions in English:*

1 Who first invented electronic football and tennis? (2)
2 When did they play with them? (2)
3 What are the two more complicated TV games which have since been invented? (2)
4 What are computer firms currently offering? (2)
5 Which two actions can be simulated in electronic baseball? (2)
6 What is provided by the educational cassette currently on sale? (2)

7 Why is the Philips cassette called ‹prémathématique›? (2)
8 What is involved in the operation '10000 micros'? (2)
9 What is the average price of a computer/toy mentioned in the article, and to which date does this apply? (2)
10 What must be added to this? (2)
Total (20)

(E) *Débat et dissertation*

‹Les divers rôles de la télé et de la presse écrite›
les informations et les sujets d'actualité – la culture – la publicité – les loisirs – les opinions – les critiques – les événements sportifs – les renseignements

— Asseyez-vous et attendez la fin de l'émission. Je n'ai pas le temps en ce moment. (Ali).

DANS LE MÊME BAIN!

(F) *L'ordinateur parlant*

Votre école fait partie de l'opération ‹10000 micros›. Faute d'examinateurs, votre ordinateur, qui s'appelle ‹Charlie›, va vous examiner oralement cette année. Il commence par vous poser des questions sur vos passe-temps. Divisez-vous en paires: un élève joue le rôle de ‹Charlie› et l'autre celui du candidat. Servez-vous des cases ci-dessous pour vous aider.

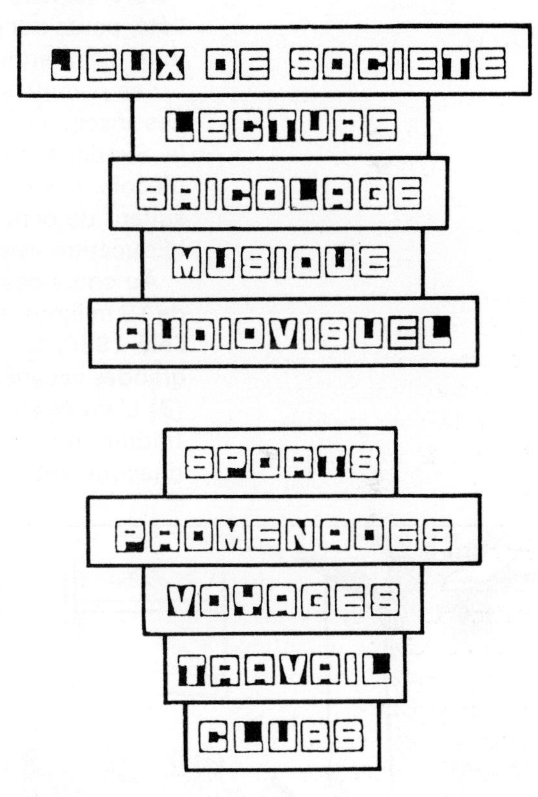

CHAPITRE 7
Les trois âges de l'homme: l'école, le métier et la retraite

I Vacances scolaires: chacun à son goût!

Les congés scolaires éclatent. Ce n'est que le début d'une réforme qui va bouleverser tellement la vie de chaque Français que tous les parents commencent à s'inquiéter. Le ministre de l'Education répond... C'est l'ordre scolaire français qui est remis en question. Grandes vacances l'été, petits congés de-ci de-là, c'est fini. Rentrée des classes le même jour, c'est terminé. De telles idées sont périmées.

Les parents s'en rendent compte: le sondage ci-dessous le montre. Les enseignants s'inquiètent. Trois cent mille questionnaires rédigés par le Syndicat national des instituteurs arrivent chez tous les maîtres d'école. Les recteurs s'organisent, dans toutes les académies ils consultent de cent cinquante à deux cents personnalités. Le ministre de l'Education avertit carrément: «Tout est en place, ça va bouger!»

Au cours des prochains mois, trois réformes vont chambouler la vie de 13 millions d'enfants, de leurs parents, de leurs professeurs. (1) Dès l'été 1980, la France éclatera en cinq zones (voir la carte). (2) Les grandes vacances vont être écourtées de onze semaines à huit ou neuf. (3) L'année en trois trimestres va disparaître. Au lieu des trois trimestres traditionnels on propose de diviser l'année scolaire en cinq périodes, chacune entourée d'une pause de deux semaines.

(*L'Express*)

Toujours la lutte des classes. C'est ceux de la 4e et de la 5e qui s'expliquent! (Gad).

(A) *Answer in English:*

1 What does the picture (*on the next page*) represent?
2 What is seen as the immediate effect of the reform on the French?
3 Which three educational traditions are likely to be changed and why?
4 What has the Primary School Teachers' Union produced and for whom?
5 Who else has been consulted and by whom?
6 What exactly is to happen to the summer holidays?
7 What may replace the traditional three-term system?

Vacances scolaires : ça va bouger

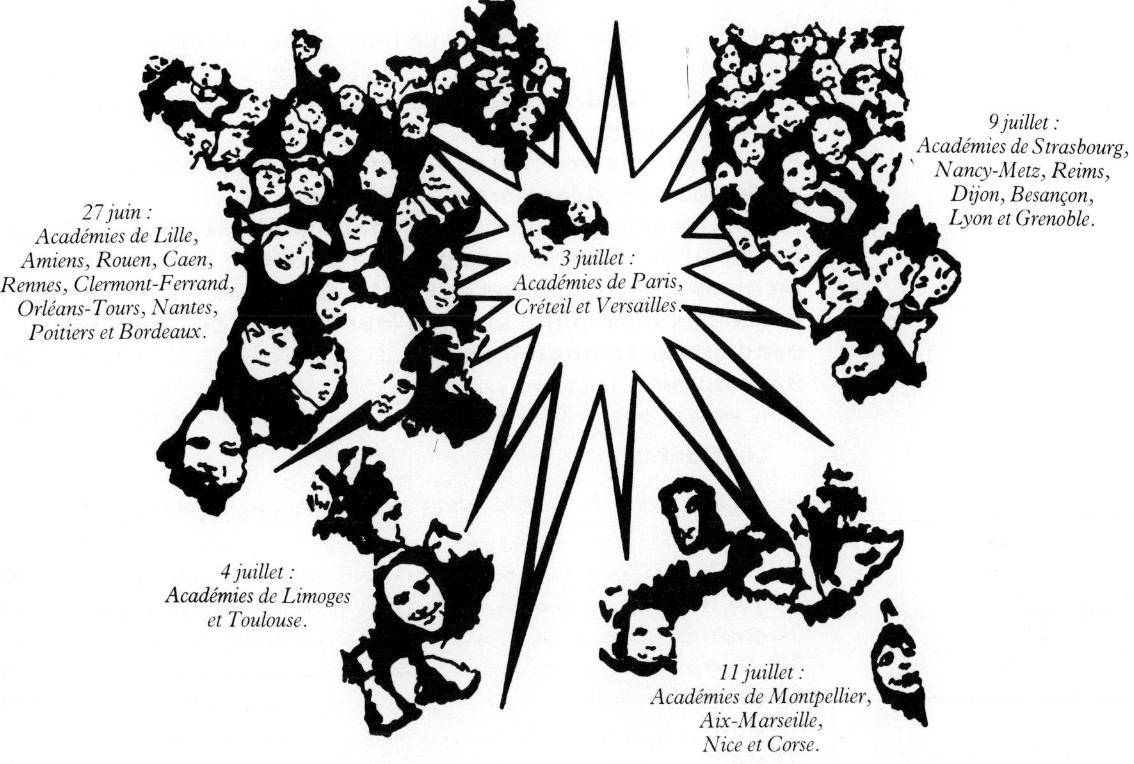

SONDAGE

1 Les vacances d'été

Les grandes vacances d'été devraient-elles être réduites, allongées, ou laissées comme elles sont actuellement?

Réduites	**58%**
Laissées comme elles sont	**40**
Allongées	**1**
Sans opinion	**1**

Leur durée

Quelle devrait être la durée des vacances d'été?

Deux mois	**61%**
Un mois et demi	**28**
Un mois	**5**
Deux semaines ou moins	**3**
Trois semaines	**1**
Deux mois et demi ou plus	**1**
Sans opinion	**1**

Pour une réduction

Pour quelle raison êtes-vous partisan d'une réduction des vacances d'été?

Parce qu'il faudrait avoir plus de petites vacances pendant le reste de l'année	**51%**
Parce que cela pose un problème d'avoir les enfants en vacances quand les parents travaillent	**34**
Parce que les enfants oublient tout pendant l'été	**34**
Parce qu'une trop longue période de congé fait prendre de mauvaises habitudes aux enfants	**28**
Parce que cela coûte cher de leur trouver des activités pendant aussi longtemps	**17**
Sans opinion	**2**

Leur début

A votre avis, à quelle date les vacances d'été devraient-elles commencer?

30 juin	**64%**
14 juillet	**14**
15 juin	**12**
1er juin	**4**
31 juillet	**3**
15 août	**0**
31 août	**0**
Sans opinion	**3**

Vous n'avez pas l'air très heureux de nous revoir ! *(Gad)*

2 La rentrée

A quelle date la rentrée des classes devrait-elle avoir lieu?

1er septembre	**48%**
15 septembre	**33**
15 août	**9**
1er octobre	**4**
1er août	**2**
15 juillet	**1**
15 octobre	**1**
Sans opinion	**2**

3 D'autres vacances

Si, en dehors de l'été, on décidait de créer une période de vacances scolaires d'un mois, la préféreriez-vous...

A Noël	**35%**
A Pâques	**29**
En février	**24**
A la Toussaint	**1**
A une autre période	**1**
Sans opinion	**10**

4 Les choix

Que préféreriez-vous?

De grandes vacances en été et de petites vacances espacées	**61 %**
Des vacances fréquentes et courtes	**22**
Un mois de vacances après chaque trimestre de travail	**13**
Sans opinion	**4**

5 Qui doit décider?

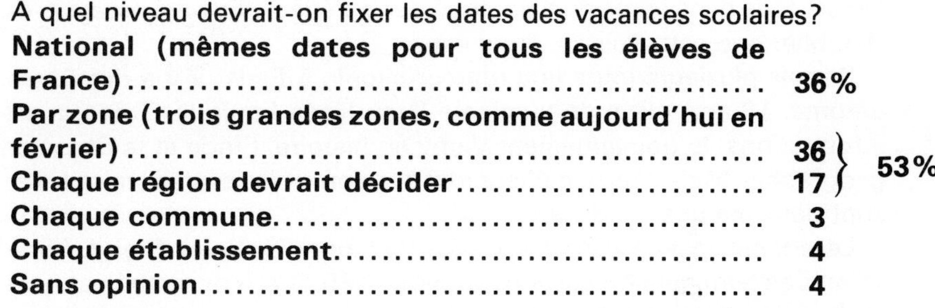

A quel niveau devrait-on fixer les dates des vacances scolaires?

National (mêmes dates pour tous les élèves de France)	**36 %**	
Par zone (trois grandes zones, comme aujourd'hui en février)	**36**	**53 %**
Chaque région devrait décider	**17**	
Chaque commune	**3**	
Chaque établissement	**4**	
Sans opinion	**4**	

6 Trop?

Le nombre de jours de vacances sur toute l'année est-il...

Comme il faut	**61 %**
Trop élevé	**36**
Pas assez élevé	**1**
Sans opinion	**2**

(B) *Après avoir étudié le sondage, posez les mêmes questions à vos camarades et rédigez les résultats sous forme de tableau.*

(C) *Comblez les vides:*

1 Si, – dehors – l'été, on décidait – créer une période – vacances scolaires – un mois...
2 – toutes les académies, ils consultent – cent cinquante – deux cents personnalités.
3 Préféreriez-vous plus – vacances – Noël, – Pâques, – février, – la Toussaint – une autre période, ou êtes-vous – opinion?
4 – cours – prochains mois, trois réformes vont chambouler la vie – 13 millions – enfants, – leurs parents, – leurs professeurs.
5 – lieu – trois trimestres traditionnels, on propose – diviser l'année scolaire – cinq périodes...

(D) *Choisissez le terme qui convient:*

tout —— toute —— tous —— toutes
chaque —— chacun —— chacune
tel —— telle —— tels —— telles
tellement

1 Ce sont des lycéennes —— les deux.
2 —— ce qui brille n'est pas or.
3 De —— élèves méritent d'être punis!
4 —— pour soi.
5 —— peine mérite salaire.
6 —— sont les folies de la vie.
7 Il veut —— savoir.
8 Ils viendront ——.
9 —— les hommes sont égaux.
10 —— père, —— fils.
11 —— fois que je lui parle, il se bouche les oreilles.
12 —— vérités ne sont pas bonnes à dire.

II L'épreuve du bac

De l'attente des sujets à l'attente des résultats, c'est la même incertitude. Que se passe-t-il dans la tête des 242800 candidats?

Cette soirée du 18 juin, veille des examens, on est sur les nerfs. Va-t-on trouver les sujets qu'on a préparés? Aura-t-on assez ‹bûché›? Sans doute sera-t-on déçu. Tant pis. Pour Luc, 18 ans, candidat au baccalauréat série A, et trois de ses camarades, bière, musique et rires nerveux. On est tous dans le même bain, tous des galériens. En vain essaie-t-on d'oublier que cette fois-ci, ‹on y est›.

Depuis plusieurs jours une rumeur circule à Paris: il y a des fuites. Jérôme, 19 ans, élève de terminale D au lycée Louis-le-Grand, a ses informations: le gouvernement Vichy en histoire, l'Inde et la Chine en géographie. Mais il reste méfiant et il a raison – les seules vraies fuites sont dans ma tête, se dit-il.

Le lendemain, au lycée Claude-Bernard, porte de Saint-Cloud, Anne, 18 ans, en terminale A7, est convoquée à 7h45. Oraux de mathématiques et d'anglais. Interminable attente. Ceux qui sortent sont interrogés par les suivants qui n'ont pas encore passé leur examen. L'examinateur de maths inquiète: il juge la première candidate. A travers les vitres, Anne cherche à voir comment il procède. Elle n'ose plus espérer réussir. Est-ce qu'elle a tout raté? A l'épreuve écrite de philo, elle a mis une heure et demie avant de commencer. Peut-être l'examinateur aura-t-il pitié d'elle. «Impossible de me concentrer,» explique-t-elle, «je suis trop nerveuse.»

Viennent les résultats. Les candidats qui ont obtenu une moyenne entre 8 et 10 passent un oral de rattrapage. Les autres sont définitivement reçus ou recalés. Les copies sont corrigées en moins de quinze jours par des professeurs agrégés ou certifiés, épuisés par la tâche. Chaque correcteur a la charge d'une centaine de copies. Le prix payé par copie est de 4 FF 66 pour les matières principales et de 3 FF 73 pour les matières secondaires. Aussi doit-on travailler vite pour toucher une somme suffisante.

(*L'Express*)

(A) *Répondez en français:*

1 Pourquoi la soirée du 18 juin est-elle difficile pour les candidats?
2 Comment Luc et ses camarades essaient-ils de s'amuser?
3 Qu'est-ce que Jérôme a entendu dire?
4 Y croit-il et pour quelle raison?
5 Qu'est-ce qu'Anne doit faire le 19 juin?
6 A quoi pense-t-elle pendant la longue attente?
7 Pourquoi espère-t-elle que l'examinateur aura pitié d'elle?
8 Quels candidats devront passer un oral de rattrapage?
9 Qui corrige les copies et combien de temps met-on à le faire?
10 Pourquoi doit-on corriger vite les copies?

(B) *Vous êtes un examinateur oral. Voici les faits que vous devez examiner. Suivant le modèle, transformez les faits en questions:*

Modèle Pendant la 2e guerre mondiale le gouvernement français s'est établi à Vichy. (Où?)

→ **Où le gouvernement français s'est-il établi pendant la 2e guerre mondiale?**

1 Noë a sauvé beaucoup d'animaux en construisant une arche. (Comment?)
2 Les habitants de Pompéi sont morts lors d'une éruption de Vésuve. (Quand?)
3 Le temps des îles britanniques est variable à cause de leur climat maritime. (Pourquoi?)
4 Louis Pasteur a inventé un sérum contre la rage. (Quel?)
5 La montagne Kosciusko se trouve dans l'est de l'Australie (Où?)
6 Le jour de son indépendance on a appelé Ceylan Sri Lanka. (Comment?)
7 Il y a 366 jours dans une année bissextile. (Combien?)

(C) *Vous êtes un groupe d'élèves qui attendent le commencement d'un examen très important. Dites l'un à l'autre comment vous vous sentez, ce à quoi vous pensez, ce que vous avez fait pour vous préparer, ce que vous allez faire ce soir quand ce sera fini, etc.*

III

Consultez les annonces ci-dessous, puis faites les exercices qui suivent:

CHOISISSEZ UN METIER

Auxiliaire puéricultrice

- Niveau : B.E.P.C.
- Préparation à l'examen d'entrée dans les écoles
- Age minimum : 17 ans
- Durée : 9 mois.

Mettez votre douceur et votre instinct maternel au service des tout petits en exerçant dans les crèches, maternités...
Autres orientations possibles : auxiliaire de jardins d'enfants, travailleuse familiale, garde d'enfants.

Inspecteur de police

- Diplôme exigé : Bac
- Préparation au concours
- Age minimum : 18 ans
- Durée : 11 mois.

En préparant ce concours, accédez à une situation aussi intéressante que variée : sécurité publique, renseignements généraux, police judiciaire, etc.
Si vous n'avez pas le baccalauréat, orientez-vous vers les concours de gardien de la paix ou d'enquêteur.

Aide soignante

- Niveau : C.E.P.
- Préparation à l'examen d'entrée dans les écoles
- Durée de la préparation : 9 mois.

Devenez la personne compétente et dévouée qui apporte soin et réconfort aux malades. Possibilité, si vous avez le niveau Bac, de préparer l'examen d'entrée dans les écoles d'infirmière.

Secrétaire

- Niveau : B.E.P.C.
- Etude UNIECO
- Durée étude : 17 mois.

Vous êtes efficace, ordonnée, devenez la secrétaire sur qui l'on peut compter. Multiples spécialisations possibles : secrétaire comptable, sociale, juridique, bilingue, commerciale, de direction. Initiation à la sténo et à la dactylo.
Prép. aux C.A.P. - B.E.P. - B.P. - B.T.S. secrétariat.

Hôtesse du tourisme

- Niveau : B.E.P.C.
- Etude UNIECO, sanctionnée par le certificat de scolarité
- Durée de l'étude : 11 mois.

Aéroports, hôtels, voyages, ne reportez pas plus longtemps votre décision d'exercer un métier plein d'imprévus.
Si vous avez le niveau Bac : dirigez-vous vers le B.T.S. tourisme ou hôtesse de l'air.

C.A.P. Photographe

- Niveau : C.E.P.
- Préparation à l'examen
- Durée de l'étude : 21 mois.

Si vous êtes passionné par la photo, dépassez le stade du simple amateur en préparant le C.A.P. ou en suivant l'une des études suivantes : photographe artistique, de mode, reporter photographe, chasseur d'images d'animaux, opérateur prise de son.

Educateur sportif

- Niveau B.E.P.C. (ou C.A.P.)
- Préparation au brevet d'Etat - épreuves théoriques du 1er degré
- Age minimum : 18 ans
- Durée étude : 10 mois.

Partagez votre goût du sport et exercez vos talents d'animateur et d'éducateur dans une équipe jeune et dynamique.
Nombreuses spécialisations : football, cyclisme, gymnastique, natation, tennis...

Aide comptable

- Niveau : C.E.P.
- Etude UNIECO, sanctionnée par le certificat de scolarité
- Durée de l'étude : 17 mois.

Vous aimez les chiffres ? Devenez comptable : le métier que toutes les petites annonces recherchent.
Prép. au C.A.P. d'employé de comptabilité et aux B.E.P. - B.P. - B.T.S. comptabilité.

Employé(e) de banque

- Niveau : C.E.P.
- Etude UNIECO ou préparation au C.A.P.
- Durée : 17 ou 23 mois.

Sans diplôme ni expérience professionnelle, accédez à une profession sérieuse et bien payée qui laisse des possibilités importantes de promotion. Possibilité ensuite de préparer le B.P. banque et obtenir un poste de chef de service.

Couturière

- Niveau : C.E.P.
- Etude UNIECO, sanctionnée par le certificat de scolarité
- Durée étude : 10 mois.

Apprenez à créer de vos mains vos propres modèles et à réaliser vous-même des vêtements originaux.
Préparation au C.A.P. couture flou.

Secrétaire assistant(e) vétérinaire

- Niveau : B.E.P.C.
- Durée d'étude : 13 mois
- Fin d'étude : Certif. de scolarité.
- Avenir : Débouchés dans un cabinet de vétérinaire, en contact avec les animaux.
- Autres études du secteur : Eleveur de chevaux - Eleveur de chiens - Toiletteur de chiens - Palefrenier - Aviculteur.

Opérateur(trice) sur ordinateur

- Niveau : 3e ou B.E.P.C.
- Durée d'étude : 11 mois
- Fin d'étude : Certif. de scolarité.
- Avenir : « Premiers pas » en informatique avec nombreuses possibilités de promotion.
- Autres études du secteur : Programmeur - Opérateur(trice) de saisie - Monitrice de saisie - Analyste programmeur - C.A.P. aux fonctions de l'informatique.

Electronicien

- Niveau : C.E.P. ou 6^e
- Durée d'étude : 12 mois
- Fin d'étude : Certif. de scolarité.
- Avenir : Emplois nombreux dans les ateliers d'électronique - Possibilité d'évolution importante.
- Autres études du secteur : Technicien électronicien - Dépanneur électroménager - Electronicien - B.T.S. électronicien.

Mécanicien automobile

- Niveau d'étude : C.E.P. ou 6^e
- Durée d'étude : 14 mois
- Fin d'étude : Certif. de scolarité.
- Avenir : Dans des garages avec évolution vers un poste de contremaître ou à son compte.
- Autres études du secteur : Conducteur routier - Diéséliste - Electricien en équipement auto - Mécanicien poids lourds.

Dépanneur électroménager

- Niveau : C.A.P. ou 5^e
- Durée d'étude : 9 mois
- Fin d'études : Certif. de scolarité.
- Avenir : Dans les grands magasins ou à son compte.
- Autres études du secteur : Electricien installateur - Technicien électricien - Technicien du service après-vente - Préparation aux C.A.P., B.P.

Dessinateur de jardins

- Niveau d'étude : B.E.P.C. ou 2^e
- Durée d'étude : 13 mois
- Fin d'étude : Certif. de scolarité.
- Avenir : Nombreux débouchés dans les entreprises de jardins ou à son compte.
- Autres études du secteur : Décorateur floral - Secrétaire assistant(e) paysagiste - Horticulteur.

Conducteur routier

- Niveau accessible à tous
- Durée d'étude : 12 mois
- Fin d'étude : Certif. de scolarité.
- Avenir : Débouchés dans une entreprise de fret ou à son compte.
- Autres études du secteur : Mécanicien automobile - Diéséliste - Mécanicien poids lourds.

(A) *Complétez le tableau:*

Autodescription	Qui suis-je?
J'ai mon C.E.P. Appareil à la main, j'espère faire fortune.	Vous êtes photographe.
J'aime bien les enfants de moins de quatre ans, dont je m'occupe actuellement dans une crèche.	
Je n'ai aucun diplôme mais je suis libre de parcourir de grandes distances dans mon camion.	
J'ai mon BEPC. Je pourrais devenir informaticienne.	
J'ai réussi mon bac et j'ai choisi un métier pas toujours populaire mais nécessaire au maintien de l'ordre.	
La confection m'intéresse et mon métier est toujours à la mode.	

(B) *Trouvez les expressions françaises dans les différentes descriptions dont la traduction est écrite ci-dessous:*

1 a vet's surgery
2 other possible career options
3 electrical repair man
4 numerous openings
5 who cares for and comforts the sick
6 introduction to shorthand and typing
7 to do a job which has a large element of surprise
8 the first steps in computing
9 the job that you'll find in all the small ads
10 with prospects of a foreman's job

(C) *Photocopiez et remplissez le bon et expliquez en pas plus de cinquante mots votre choix de métier.*

(D) *Regardez le sondage ci-dessous. Votre professeur va choisir un métier. Posez-lui des questions pour déterminer lequel, mais attention! – vos questions ne doivent pas contenir le nom du métier.*

UNIECO vous informe

▶ Pour la plupart des métiers cités, nous préparons également aux CAP, BP, BTS correspondants.
▶ Possibilité de commencer vos études à tout moment de l'année.
▶ Avec l'accord de votre employeur, étude gratuite pour les bénéficiaires de la formation continue (Loi du 16 juillet 1971).

UNIECO FORMATION

Groupement d'écoles spécialisées. Etablissement privé d'enseignement par correspondance soumis au contrôle pédagogique de l'Etat.

Bon gratuit pour recevoir sans engagement une documentation complète sur le secteur qui vous intéresse, sur les programmes d'études, les durées et les tarifs.

M.☐, Mme☐, Mlle☐

NOM ....
(*à écrire en majuscules*)

Prénom ....

Adresse : N° .... Rue ....

Localité .... Code postal..........

Bureau distributeur ....

Tél ....
(*facultatifs*)

Indiquez le métier ou le secteur professionnel qui vous intéresse : ....

UNIECO FORMATION – 2764, route de Neufchâtel 3000X–76025 ROUEN Cédex

QUEL MÉTIER CHOISIRIEZ- VOUS POUR VOTRE PARTENAIRE IDÉAL?

Q. : Si vous aviez le choix, préféreriez-vous décider de vivre avec...	**ENSEMBLE DES INTERVIEWÉES**
Un homme célibataire sans enfant	*62*
Un homme divorcé sans enfant	*6*
Un homme divorcé avec un ou plusieurs enfants	*5*
Un homme célibataire père d'un ou plusieurs enfants	*3*
Un homme marié	*–*
Sans opinion	*24*
	100%

Q. : Parmi ces deux choix, lequel vous semble préférable ?	**ENSEMBLE DES INTERVIEWÉES**
Vivre avec quelqu'un gagnant beaucoup d'argent, même si son métier n'est pas absolument stable	*9*
Vivre avec quelqu'un gagnant moins d'argent, mais dont le métier est plus stable	*86*
Sans opinion	*5*
	100%

Q : Si vous aviez à choisir, préféreriez-vous que votre compagnon soit...	**ENSEMBLE DES INTERVIEWÉES**
Médecin, avocat, notaire, ou membre d'une autre profession libérale	*16%*
Cadre dans une entreprise	*16%*
Artisan	*14%*
Fonctionnaire	*13%*
Ouvrier	*12%*
Commerçant	*11%*
Professeur	*9%*
Agriculteur	*8%*
Chercheur ou scientifique	*8%*
Peintre ou écrivain	*7%*
Industriel	*6%*
Sportif professionnel	*6%*
Officier de carrière	*6%*
Diplomate	*6%*
Banquier	*5%*
Artiste (comédien, chanteur)	*5%*
Aventurier	*4%*
Commandant de bord	*3%*
Peu importe	*19%*
Sans opinion	*3%*

Le total des pourcentages est supérieur à 100, les personnes interrogées ayant pu donner plusieurs réponses.

Eh bien, allons-y gaiement ! *(Gad)*

(E) *Insérez le pronom possessif correct:*

1 C'est son métier? Oui, c'est **le sien.**
2 C'est ta profession? Oui, c'est ——
3 Ce sont vos diplômes? Oui, ce sont ——
4 C'est mon école? Oui, c'est ——
5 C'est notre orienteur? Oui, c'est ——
6 Ce sont leurs débouchés? Oui, ce sont ——
7 Ce sont tes résultats? Oui, ce sont ——

LES CRISES NE VIENNENT JAMAIS SEULES

Serge Dutronc passa son BEPC et quitta l'école à seize ans. Il fit un stage et devint mécanicien. Il resta chez lui dans le Midi pendant quatorze mois, puis vint à Paris afin de faire fortune. Il se procura un poste à un garage où il se mit tout de suite à travailler et où on le nomma contremaître après trois ans. Il en fut content car les ouvriers finirent par avoir toute confiance en lui. Un jour il réussit à empêcher une grève, après quoi il put se présenter comme délégué syndical.

A l'âge de trente ans il prit la tête d'une commission syndicale et, grâce à ses succès, il obtint le poste de secrétaire général d'un grand syndicat français. Au cours de l'hiver de 1975 Serge eut un sérieux affrontement avec le gouvernement et ensuite il commanda une grève. Pendant deux mois on ne vit que des disputes à la télé; on interrompit les émissions et on donna des reportages sur de nouvelles manifestations, des grèves sur le tas, des piquets.

Un jour qu'il se rendait à son bureau pour lancer un nouvel appel aux armes à ses troupes, Serge se sentit tout d'un coup moins fort que d'habitude. Une fois assis, il allait ramasser son stylo quand il éprouva une douleur aiguë dans la poitrine et tomba raide mort sur le tapis. «Crise cardiaque,» confirma le médecin.

(F) *Répondez aux questions suivantes en employant ‹après avoir›, ‹après être› ou ‹après s'être›:*

1 Quand Serge quitta-t-il l'école?
2 Quand devint-il mécanicien?
3 Quand alla-t-il à Paris?
4 Quand se mit-il à travailler?
5 Quand put-il se présenter comme délégué syndical?
6 Quand obtint-il le poste de secrétaire général?

Changez et reliez les deux phrases en utilisant ‹avant de›, ‹afin de›, ‹en train de› ou ‹sur le point de›:

7 Serge eut un affrontement.
Il commanda une grève.
8 Il se sentit tout d'un coup moins fort que d'habitude.
Il se rendait à son bureau.
9 Il allait ramasser son stylo.
Il éprouva une douleur aiguë.
10 On interrompit les émissions.
On donna des reportages.

AUTOPSIE D'UNE VIE

Examen
Ai-je tout prévu?
Ai-je bien lu?
Ai-je reconnu?
Ai-je répondu à
Toutes les questions?

Orientation
Ai-je tout fini?
Ai-je bien compris?
Ai-je donc choisi
Le bon métier?

Carrière
Ai-je travaillé?
Ai-je terminé?
Ai-je exploité?
Ai-je exercé bien
Toutes mes fonctions?

Retraite
Ai-je tout rendu
A ce monde nu?
Ai-je tout offert
A cet univers?

Quand je pense que nous allons entrer en dixième !
— Oui, ça ne nous rajeunit pas ! *(Aldebert)*

IV Tremplin

SUIVONS LE COURANT!

chacun à son goût – each to his own
remettre en question – to re-examine (the matter of)
de-ci de-là – here and there
ça va bouger – things are going to start moving
en dehors de – apart from
se boucher les oreilles – to block one's ears
Monsieur un tel (Madame une telle) – Mr (Mrs) So-and-so
chacun pour soi – every man for himself
tout ce qui brille n'est pas or – all that glitters is not gold
tel père tel fils – like father like son
toutes vérités ne sont pas bonnes à dire – some things are best left unsaid
toute peine mérite salaire – let the punishment fit the crime
être sur les nerfs – to be on edge
être dans le même bain – to be in the same boat
on y est! – this is it!
faire fortune – to make good
prendre la tête de – to take over (the leadership of)
(dé)commander une grève – to call (off) a strike
une grève sur le tas – a sit-in, sit down strike
un appel aux armes – a battle cry
tomber raide mort – to drop down dead
trouver difficile de + INF. – to find it difficult to
sous peu – after a while
caresser l'idée de + INF. – to toy with the idea of
prendre conscience de – to take note of
prendre son parti – to come to terms (with s.th.)
attendre avec impatience – to look forward to
par un jour maussade – on a dull day
avoir droit à – to be entitled to
faire grève – to strike
mettre une heure à + INF. – to take an hour to
avoir pitié de – to feel sorry for

(A) *Translate into English:*

D'habitude ses cheveux étaient longs. La semaine précédente il se les était fait couper. Ses parents s'étaient étonnés.
— Dis donc, Jacques. Te prépares-tu pour l'oral? Tu vas certainement faire impression à l'examinateur!
— Mais non, ce n'est pas pour le bac, avait précisé Jacques. C'est pour avoir un boulot pendant les vacances. Sans ça je trouverais difficile de me procurer un travail; il y a tellement de chômage actuellement.

Ayant passé l'écrit et les oraux en français et en allemand il se mit à chercher partout en ville. Sous peu il eut la chance de s'embaucher comme serveur dans un bar. Il gagnait beaucoup, surtout en pourboires, et le travail lui plaisait tellement qu'il caressait l'idée d'y rester en permanence.
— Ecoute, Jacques, lui dit son père, ahuri d'apprendre cela. Tu as quand même un certain niveau intellectuel. Tu ne dois pas gâcher ta vie d'une façon pareille. Toi qui as la capacité d'entrer en faculté ou même de préparer l'examen d'entrée d'une Grande Ecole, tu devrais penser plus sérieusement à ton avenir.

Jacques prit conscience des conseils de son père mais n'en fut pas convaincu. Le lendemain matin au bar il aperçut un ancien camarade qui avait quitté l'école deux ans auparavant après avoir raté son bac.
— Alors, ça marche? demanda Jacques.
— Pas du tout, répondit l'autre. Ça fait dix-huit mois que j'envoie des demandes d'emploi sans trouver d'entreprise prête à m'accorder une entrevue. C'est pas drôle la vie, quand on n'a pas de diplôme.»

Jacques se souvint des paroles de son père et prit sa décision sans plus hésiter.

(B) *Traduisez en français:*

1 I always find it difficult to start preparing myself for exams.
2 I've sent off so many job applications, but I haven't received any answers.
3 Her results were bad and so were mine, but at least we're in the same boat.
4 After taking over the union committee, he called a strike.
5 Who is he and how does he know my name? Did anyone tell him?
6 They're looking forward to their holidays and are toying with the idea of going to Italy.
7 Has he reconsidered the idea of another week's paid leave for the firm?

(C) *Listen to the passage that your teacher is going to read, and answer the questions below in English:*

1 Give two reasons why Michel Depardieu is looking forward to 1st August. (2)
2 Why are he and his wife now renting just a small flat in the Alps? (2)
3 What does the passage claim are two of the best things to do on a rainy day in the holidays? (2)
4 What did Michel start out doing in September 1935? (3)
5 What was he entitled to in 1936? How was this achieved, according to Odette? (3)
6 What did Michel book at les Galeries Lafayette in 1937? (3)
7 When did he go to Italy? (1)
8 For how long and why did he go to Grenoble during the war? (2)
9 How did he make the most of his leave? (1)
10 Which two events of 1946 are mentioned? (2)
11 Which advantage and disadvantage of the motor car are mentioned? (2)
12 How many children do Michel and Odette have? When were they born? (3)
13 What did Gérard and Martine do in July? (1)
14 What happened in August? (1)
15 How did Michel use his influence at work in 1977? (2)

Total (30)

(D) *Débat et dissertation*

‹L'école prépare-t-elle suffisamment les élèves pour les métiers? Quels changements proposez-vous?›

l'âge de scolarité – les examens – les professeurs

– les tuteurs – l'orientation – les activités extra-scolaires – les visites et les échanges – les réunions entre professeurs et élèves – les clubs et les foyers – les stages dans l'industrie – etc

DANS LE MÊME BAIN!

(E) *En vous servant du schéma et des formules proposés, rédigez une demande d'emploi à une société anonyme de votre choix.*

EN-TÊTE

Adresse de la société

Lieu/date

Messieurs,

..... petite annonce dans le journal ..... poser ma candidature à ..... mes qualifications .... mon expérience ..... pourquoi je voudrais me présenter ..... disponible pour entrevue ..... prêt(e) à me déplacer ....

Dans l'attente d'une réponse favorable ..... prier d'agréer, Messieurs, l'expression de .... salutations distinguées .....

Signature

P.J. C.V. (Pièce Jointe: Curriculum Vitae)

Curriculum Vitae

Nom de famille:

Prénom(s):

Sexe:

Etat civil:

Adresse:

N° de téléphone:

Date de naissance: Age:

Lieu de travail:

Diplômes:

Ecoles:

Expérience professionnelle:

Intérêts et loisirs:

CHAPITRE 8

Les vacances et les transports

Paulette, la fille de la terre, est fiancée avec un jeune campeur. Les vacances à la ferme? Elles créent surtout des liens, nous dit-on...

I Vacances dans le pré

— C'est merveilleux! C'est la formule de vacances dont nous rêvions depuis longtemps. Le calme, le silence, un accueil naturel, chaleureux, le contact avec les réalités de la vie paysanne...et puis une grande liberté!

C'est l'avis de M. Dominguez, chef de vente d'une chaîne de supermarchés à l'Isle-Adam, et de son beau-frère, M. Parenti, fonctionnaire à Chelles, qui découvrent depuis deux jours, avec leurs épouses et leurs enfants, les vertus du camping à la ferme dans la région de Samatan.

Dans le camping les tentes ont été cachées parmi des chênes à deux cents mètres de la ferme Massiot qui fut construite au début du siècle. Le fermier et sa femme avaient décidé d'inviter les campeurs à participer aux travaux de la ferme dans l'espoir que de bons contacts entre citadins et campagnards seraient facilités et que des amitiés chaleureuses seraient établies.

— Quel apport pour les paysans, certes, dit M. Brocas, vétérinaire, mais le camping à la ferme est surtout pour les gens des villes à la recherche d'un retour à la nature. Nous sommes séduits par la région de Samatan. Nous savons que nous serons toujours bien accueillis à la ferme Massiot. Nous aurions été étonnés si nous n'avions pas été reçus chaleureusement cette année, étant donné que notre fils est fiancé avec Paulette, la fille du propriétaire, depuis un an!

— Après la mort de mon mari on m'a conseillé de venir séjourner à Samatan, dit Agnès. On m'a offert l'amitié et la fraternité, ce qui a été pour moi la meilleure consolation possible.

Rien de tel alors que le plaisir d'être accepté par les gens de la campagne.

(*La Vie*)

Inutile de m'écrire. Envoie-moi plutôt les fromages de tes chèvres, ça me fera penser à vous! (Gad).

(A) *Répondez en français:*

1 En quoi Paulette est-elle une fille de la terre?
2 De quoi M. Dominguez rêvait-il depuis longtemps?
3 Quelles sont les professions de M. Parenti et de son beau-frère?
4 Séjournent-ils dans un hôtel?
5 Où est-ce qu'on a caché les tentes?
6 Est-on toujours en train de construire la ferme Massiot?
7 Qu'est-ce qu'on avait invité les campeurs à faire, et pourquoi?
8 Selon M. Brocas, que cherchent les citadins à la campagne?
9 Qu'est-ce qui a séduit sa famille?
10 Quelle aurait été la réaction des Brocas si on ne les avait pas reçus, et pourquoi?
11 Est-ce qu'Agnès est mariée?
12 Les gens de Samatan, comment l'ont-ils consolée?

(B) *Suivant le modèle, transformez les phrases ci-dessous* (si la construction est possible!)

Modèle On a planté des chênes.
→ **Des chênes ont été plantés.**

1 On a accueilli les campeurs à la ferme.
2 On établirait de bons contacts.
3 On construira un nouveau camping.
4 On n'aurait pas trouvé la région.
5 On avait conseillé à Agnès de partir en vacances.
6 On avait rencontré Paulette l'année précédente.
7 On dit aux campeurs de ne pas fumer.

(C) *Remettez en ordre les mots suivants:*

1 mon accueillie te toujours seras avec **si** chez maries **tu** bien fils tu moi
Si tu . . .
2 bien déçu **si** reçu serais **je** pas je n'étais
Si je . . .
3 contacts chaleureuses **de** établis sont amitiés **si** **bons** les seront
Si de bons . . .
4 ailleurs bien auriez vacances installés moins **vous** été vos aviez **si** passé vous
Si vous . . .

II Départs: la grande épreuve des vacanciers du mois d'août

Un terrible accident a fait, en fin de matinée, sept morts sur l'autoroute A6 près de Lyon, dans le sens Paris-province. Le drame s'est produit vers 11 h 30, au cours d'un tout brusque ralentissement de la circulation. Deux voitures qui se suivaient de près ont été prises en sandwich entre deux poids lourds tout chargés de bois. Les quatre véhicules ont été aussitôt embrasés. Le chauffeur du premier poids lourd a réussi à sortir sain et sauf de sa cabine; le second a été grièvement blessé. Les occupants des deux voitures toutes broyées ont été tués sur place. Il a fallu plusieurs heures aux secouristes pour dégager les corps – cinq dans la première voiture, deux dans la seconde – de l'amas de la tôle toute noircie.

Si les départs se sont à peu près correctement déroulés en région parisienne, avec les embouteillages classiques aux péages d'autoroutes, le Sud-Ouest, par contre, a connu, très tôt dans la matinée d'hier, de somptueux bouchons. A partir de Poitiers et au-delà de Bordeaux, les files de voitures s'agglutinaient depuis 7 heures, longues parfois de plus de 10km.

Beaucoup de points noirs, mais, dans l'ensemble, la situation était, hier, moins dramatique qu'on n'aurait pu le craindre. Mais rien n'est encore joué, et des manifestations tout imprévues au programme sont venues, dans le Var et les Alpes-Maritimes, perturber une circulation déjà bien difficile. Il s'agit de ‹manifs› d'agriculteurs en colère qui ont bloqué l'autoroute du Soleil – une façon bien discutable de protester contre les mesures agricoles de la Communauté européenne. Des bagarres toutes violentes ont éclaté et des pare-brise ont volé en éclats.

(*Le Figaro*)

BISON FUTÉ!

FRANCE-INTER...

TOUTES LES DEUX HEURES

A) *Answer in English:*

1 When and where did the accident occur?
2 What caused the accident? What happened to the four vehicles?
3 What happened to the two lorry drivers?
4 What took several hours?
5 Where were the traditional traffic jams in the Paris area?
6 What was happening on the roads leading from Poitiers and beyond Bordeaux?
7 Where have there been demonstrations, and what effect have they had?
8 What were these 'demos' about?
9 What occurred during the demonstrations?
10 Why should travellers listen to France-Inter every two hours?

(B) *Complétez les phrases suivantes:*

1 Une façon – discutable – protester – les mesures – de la Communauté européenne.
2 Les occupants – deux voitures – broyées – – tués – place.
3 Un terrible accident a – , – fin – matinée, sept morts – l'autoroute A6 près – Lyon.
4 Deux voitures qui – suivaient – près – – prises – sandwich entre deux poids lourds – chargés – bois.
5 – partir – Poitiers et au-delà – Bordeaux, les files – voitures s'agglutinaient – 7 heures.

(C) *Insérez chaque fois la forme adverbiale correcte de ‹tout›:*

1 un agriculteur —— fâché
2 une manifestation —— violente
3 une voiture —— embrasée
4 des bagarres —— imprévues
5 des secouristes —— épuisés
6 des routes —— bondées

(D) *Trouvez dans le passage les expressions qui correspondent aux suivantes:*

1 on the whole
2 seriously injured
3 massive hold-ups
4 than might have been feared
5 safe and sound
6 the mass of completely charred metal
7 a lot of black spots

260 km à l'heure dans un fauteuil!

— Votre billet est pour Lyon et ce train va à Brest. — Et alors?... Ce n'est pas moi qui conduis! Allez vous plaindre au mécanicien! (Ko).

III Les essais du train à grande vitesse

Le fin du fin pour les constructeurs de véhicules à grande vitesse est de donner à leurs passagers l'impression que celle-ci n'existe pas. A 2000 à l'heure le voyageur de Concorde doit se servir du mach-mètre pour comprendre qu'il franchit le mur du son; celui du train à grande vitesse (TGV) que la SNCF met en service entre Paris, Lyon et ses au-delà devrait lui aussi être informé des avantages qu'on lui propose. 260 à l'heure de pointe, c'est la vitesse choisie. Aucune vibration particulière, aucun bruit notable. Les voitures sont bien insonorisées et climatisées.

Le TGV a deux cent quarante places dans les voitures de deuxième classe, cent trente-cinq dans celles de première classe, toutes assises, ce qui suppose que les réservations sont obligatoires. Il n'y a plus de banquettes, rien que des fauteuils séparés qui sont espacés pour laisser davantage de place aux jambes.

— Je n'ai jamais vu un train aussi rapide que celui-ci. Désormais je ne serai plus obligée de mettre quatre heures pour rendre visite à ma sœur à Lyon. Pendant mon premier voyage personne ne m'a dérangée et i n'y a eu guère de bruit. Je n'ai eu ni chaud ni froid car la climatisatio était excellente. Je n'ai eu aucun problème de réservation, et je n'a bousculé personne dans le couloir puisque toutes les places son assises.

Cette brave dame, interviewée à la sortie de la Gare de Lyon à Paris n'a eu que des compliments pour la SNCF. Sa seule plainte était d n'avoir pas eu le temps de finir son tricot!

(*Le Monde*

(A) *Trouvez dans le passage des synonymes aux termes suivants:*

1 les heures d'affluence
2 ne sont pas facultatives
3 plus de place
4 ce qu'il y a de plus subtil
5 utiliser
6 voitures...à air conditionné
7 qu'on lui suggère

(B) *Trouvez dans le passage le contraire de expressions suivantes:*

1 j'ai eu bien des problèmes
2 je serai encore obligée de mettre quatre heures...
3 tout le monde m'a dérangée
4 j'ai eu et chaud et froid
5 je vois toujours des trains rapides comme celui-ci
6 il y a eu énormément de bruit
7 j'ai bousculé beaucoup de gens

A partir du 27 septembre

Avec le TGV, en 4^{H} 15, les Parisiens peuvent aller au coeur de Genève pour 220^{F}.

Paris-Genève. Réservation incluse.	
Prix normal	
1re	350 F
2^{e}	220 F
Bénéficiaires des réductions couple, famille, vermeil	
1re	180 F
2^{e}	121 F

TGV. Gagnez du temps sur le temps.

SNCF

Airbus

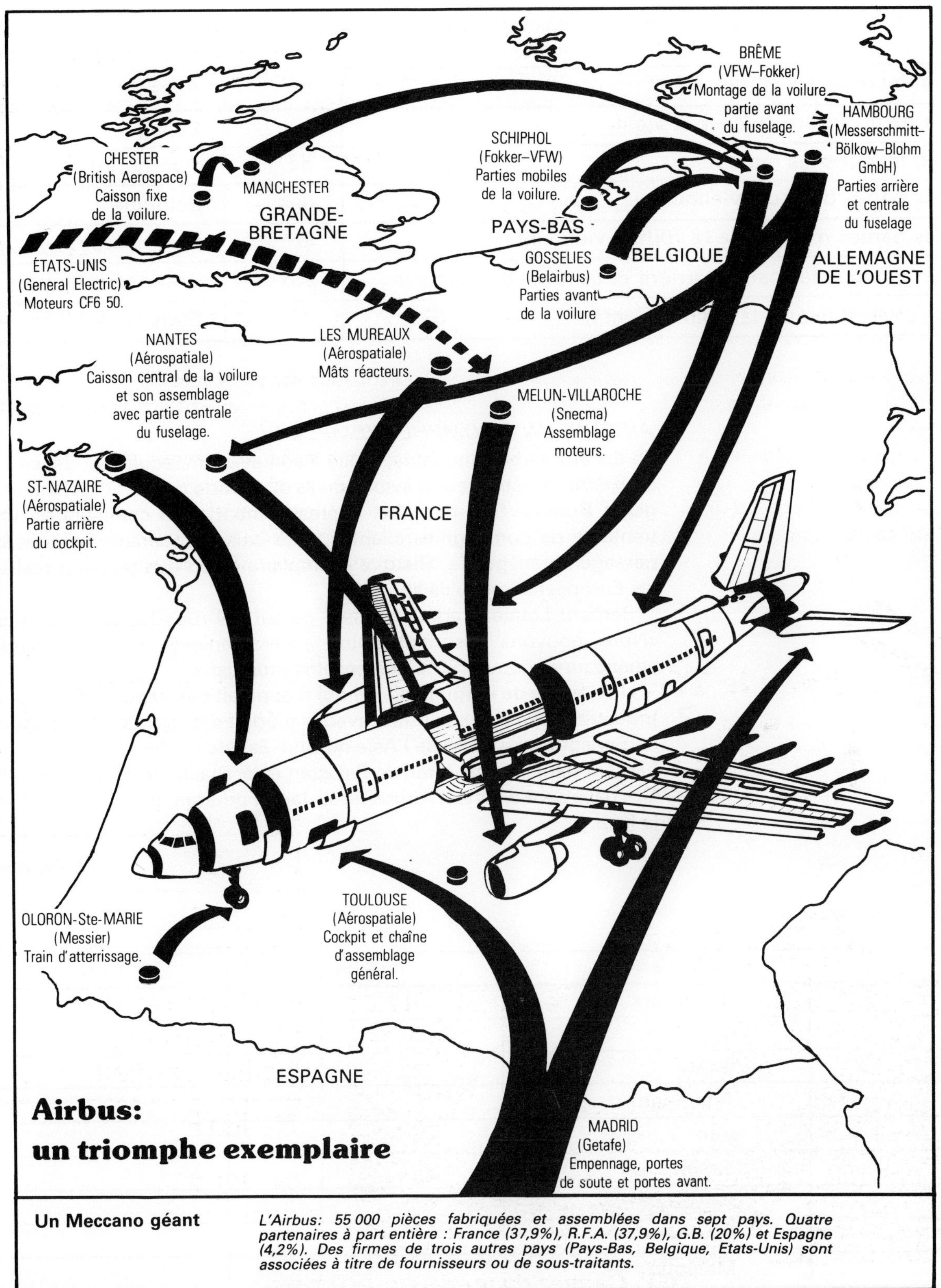

Airbus: un triomphe exemplaire

Un Meccano géant

L'Airbus: 55 000 pièces fabriquées et assemblées dans sept pays. Quatre partenaires à part entière : France (37,9%), R.F.A. (37,9%), G.B. (20%) et Espagne (4,2%). Des firmes de trois autres pays (Pays-Bas, Belgique, Etats-Unis) sont associées à titre de fournisseurs ou de sous-traitants.

(C) *Remettez les deux dernières rubriques en ordre :*

on fabrique les parties avant	de	Pays-Bas
la partie arrière du cockpit vient	à	Espagne
on fabrique les moteurs	de	Hambourg
les portes de soute viennent	des	Belgique
les parties mobiles de la voilure viennent	en	Saint-Nazaire
on fabrique les parties arrière et centrale du fuselage	aux	Grande-Bretagne
le caisson fixe de la voilure vient	d'	Etats-Unis

AIRBUS: UN TRIOMPHE EXEMPLAIRE

En dix ans Airbus-Industrie, grâce à son avion miraculé, est devenu le deuxième constructeur d'avions civils du monde occidental, derrière le géant Boeing. Son bilan est impressionnant: 350 commandes, une trentaine de compagnies clientes, déjà plus de quarante millions de passagers transportés. Histoire exemplaire de ce que peuvent réaliser les Européens lorsqu'ils sont unis.

Bernard Lathière, administrateur gérant d'Airbus-Industrie, affirme: «Nous pouvons raisonnablement espérer enlever 15% du marché américain et couvrir 30% des besoins mondiaux.»

Une œuvre de longue haleine qui n'apparaît pas impossible. Airbus-Industrie a signé des contrats avec la plupart des grandes compagnies européennes. La route de l'Asie du Sud-Est, de l'Italie à la Malaisie, en passant par la Grèce, l'Iran, le Pakistan et la Thaïlande est déjà balisée. Ces pays sont clients d'Airbus, et le Japon pourrait être le prochain sur la liste.

(*L'Express*)

(D) *Complétez le tableau:*

en	Italie	on parle	italien
	Danemark		
	Grèce		
	Israël		
	Allemagne		
	Iran		
	Japon		
	Pays-Bas		
	Pays de Galles		
	Mexique		

E) *Remettez en ordre, en faisant des phrases qui vous semblent correctes:*

certains	de Français	lisent	allemand
la majorité	d'Anglais	parlent	le russe
beaucoup	des Suisses	ne parlent pas	chinois
bien	de Gallois	comprennent	le japonais
la plupart	Espagnols	parlent	l'anglais
bon nombre	de Polonais	refusent de parler	le portugais
peu	hommes politiques américains	parlent bien	anglais

NE PERDEZ PAS PIED!

F) *Transformez en questions:*

1 Les Australiens voyagent partout dans le monde. (Où?)
2 Les Français s'intéressent à la famille royale britannique. (A qui?)
3 Les Portugais apprennent le français en travaillant dans l'Hexagone. (Comment?)
4 Les hommes d'affaires allemands apprennent l'espagnol pour entretenir des relations commerciales avec l'Amérique du Sud. (Pourquoi?)

Remplacez les mots désignés par un pronom possessif:

5 Mon anglais est suffisant, mais **son anglais** est moins fort.
6 Nos connaissances de langues sont meilleures que **leurs connaissances.**
7 Votre pays est moins montagneux que **notre pays.**
8 Tes visites à l'étranger sont toujours plus intéressantes que **mes visites.**

IV Tremplin

SUIVONS LE COURANT!

1

EN (DE)	**AU** (DU)	**AUX** (DES)
Belgiqu**e**	Canada	Etats-Unis *(m)*
Franc**e**	Pays de Galles	Pays-Bas *(m)*
Angleterr**e**	Portugal	Antilles *(f)*
Allemagn**e**	Liban	
Espagn**e**	Danemark	
Itali**e** (etc)	Japon (etc)	
(pays féminins)	(pays masculins)	
NB au Mexique *(m)*	**NB** en Iran *(m)* en Israël *(m)* en Afghanistan *(m)*	

2 Il est **tout** petit. Elle est **toute** petite.
Ils sont **tout** petits. Elles sont **toutes** petites.
Il est **tout** ahuri. Elle est **tout** ahurie.
Ils sont **tout** ahuris. Elles sont **tout** ahuries.

(A) *Translate into English:*

«Retard imprévu! Décollage à 14h 30. Les passagers sont priés de laisser leurs bagages à la consigne jusqu'à une heure avant le départ.»

La voix stridente retentit partout dans l'aéroport et Janine se boucha les oreilles pour ne pas entendre le message répété encore trois fois en plusieurs langues pour ceux qui n'en avaient pas pris conscience la première fois.

Quel commencement pour sa nouvelle vie au Canada! Une vie dont elle rêvait sans cesse depuis le jour fatal où Marc avait rompu les fiançailles. «Tout conspire à ma ruine,» se dit-elle. «Mes parents vont trouver la note et puis ce sera toute une scène affreuse à l'aéroport quand ils me trouveront encore ici. Non, je n'en peux plus.»

Toute vexée, elle se dirigea vers un coin peuplé de la salle de départ afin de mieux se cacher, au cas où ses parents arriveraient. Les larmes aux yeux, elle ne put distinguer aucun visage particulier. Tout autour d'elle on bavardait, on se plaignait ou se faisait des gestes, mais elle ne pensait qu'à ses propres malheurs. Elle venait de consulter le tableau indicateur pour la trente-sixième fois quand son attention fut attirée par un jeune homme qui courait vers elle.

«Dieu merci!» cria-t-il, tout essoufflé. «Tu es toujours là, chérie. Je ne peux plus vivre sans toi. Si on recommençait?»

(B) *Traduisez en français:*

1 Holidaymakers usually receive a warm welcome when they land in the United States.
2 We were quite astonished to see the large number of orders which have been received by Airbus-Industrie.
3 I've never travelled by plane but I won't go to Hamburg by boat again.
4 The drivers were advised to slow down at the black spot, but people don't always do as they are told.
5 Feeling really annoyed, she said that she ha[d] been given too much work on the farm and th[at] she'd be leaving the camp-site.

(C) *Racontez l'histoire résumée ci-dessous (130 [–] 140 mots):*

‹A quelque chose malheur est bon›

départ en vacances – préparatifs faits – voitur[e] révisée – bouchon avant l'entrée de l'autoroute – émission de Bison Futé à la radio – accident grav[e] à 5 km de là – route différente proposée – rout[e] nationale prise – arrivée plus tôt que prévue

(D)

1 *En vous servant du schéma suivant, écrivez un[e] lettre à un hôtel français pour organiser u[n] séjour:*

```
                                  Nom et adresse de l'hôtel
                                  Lieu et date

Monsieur,
Recommandation d'un ami ..... une chambre à deux
lits ..... avec douche et WC ..... les dates.
Préférences concernant les prix, les repas et
d'autres facilités.
Réponse dans les plus brefs délais ..... déposer
des arrhes?
Salutations distinguées,

                                  Signature.

Votre nom et adresse
```

2 *Ecrivez une lettre à un(e) ami(e) français(e) dans laquelle vous le/la remerciez d'un séjour chez lui/elle. (Mentionnez le voyage de retour, la rentrée des classes, vos souvenirs du séjour: ce que vous avez fait, vu, visité, essayé – la cuisine, les sports, etc).*

NB formules possibles pour la fin de la lettre:
Très amicalement
Je t'embrasse
Bons baisers
Amitiés
Affectueusement

(E) *Regardez cette photo et inventez l'histoire de l'incident qui y est représenté.*

(F) *Débat et dissertation*

‹Si ce sont les vacances qui nous aident à nous détendre, c'est la nécessité de nous déplacer qui nous énerve.›

(**Formes de détente:** repos, changement d'air, activités sportives, nouvelles rencontres, distractions, nouveau train de vie
Ce qui provoque l'énervement: préparatifs pour les voyages, retards imprévus, bouchons, grèves, pannes, accidents, manque de confort, mal de mer et de l'air)

— Coco, on se demande comment les touristes ont pu ne pas découvrir une plage aussi merveilleuse. (A.L.I.).

DANS LE MÊME BAIN!

(G) *Vous êtes conseiller à la Sécurité Routière de Paris et vous devez élaborer une liste de recommandations pour les automobilistes qui partent en vacances cet été. En vous servant des termes et idées ci-dessous, rédigez cette liste:*

On vous recommande de . . .
Il faut . . .
Vous devez . . .
Prière de . . .
Vous êtes prié(s) de . . .
On vous conseille de . . .
N'oubliez pas de . . .
Vérifiez . . .

la ceinture de sécurité
les bagages et la galerie
les freins et la pression des pneus
les limitations de vitesse
les boissons alcoolisées
les enfants et les animaux
l'itinéraire
la radio
les lunettes de soleil
l'air frais

CHAPITRE 9
Le cadre de vie

— Allons, détends-toi, chéri, tu es à la maison ! (Lavergne)

I Vit-on heureux en banlieue?

Banlieue = cauchemar? De grands immeubles de béton gris plantés sur un plateau désertique du Val-de-Marne...

La peinture s'écaille, les ascenseurs sentent mauvais, les murs sont couverts de graffiti immondes, le bruit des chasses d'eau, des enfants, des télés traverse les parois de carton-pâte. C'est Bois-Labbé, ensemble de 2400 logements H.l.m. à Champigny.

Myriam Lebeau s'y ennuie. Elle ne travaille pas, n'a pas de voiture, ne peut s'évader que rarement: les transports en commun sont trop éloignés. Ses trois enfants n'ont pour toute distraction que trois bacs à sable. Rien de plus misérable. Cauchemar...

René Paumer est ouvrier métallurgiste. Il habite une H.l.m. de Neuilly-sur-Marne. Son réveil, quelque chose d'indispensable, sonne chaque matin à 4h 30. Il ferme la porte de son appartement à 5h 10, attrape l'autobus de 5h 29 jusqu'à Pantin. Là, changement. Autobus pour Aubervilliers. Une heure chaque matin, un peu plus chaque soir. Banlieusard = quelqu'un de programmé.

Un sociologue propose cette définition: une banlieue, c'est un endroit où la vie – magasins, services publics, cinémas – s'est installée après l'arrivée des gens qui viennent y habiter. Existence fabriquée, artificielle, ville dépendante, satellite, à la différence d'une vraie ville où l'on est venu s'agglutiner autour d'une vie déjà établie.

Le symbole de la maladie des banlieues est Sarcelles: 60000 habitants, parachutés par bataillons dans des rues grises et anonymes, qui s'allongent d'année en année au nord de Paris. Ennui, délinquance, dépressions nerveuses. Un mot naît: la sarcellite.

(*L'Express*)

(A) *Copiez et complétez le résumé du passage:*

Modèle Situation des grands immeubles:
plateau désertique du Val-de-Marne

Etat des immeubles:
Les divers bruits:
Nom et description de l'ensemble:
Réaction de Myriam Lebeau:
Ses problèmes à elle:
Ceux de ses enfants:
Profession de René Paumer:
Son domicile:
Sa journée:
Description d'un banlieusard:
Définition d'une banlieue:
Existence en banlieue:
Définition d'une vraie ville:
Situation et description de Sarcelles:
La valeur symbolique de ‹sarcellite›:

(Chaval)

Le métro-boulot-dodo

COMBIEN DE TEMPS PASSEZ-VOUS PAR JOUR ALLER DE VOTRE DOMICILE A VOTRE TRAVAIL?

	Ne se déplacent pas	moins de 15 mn	de 15 à 30 mn	de 30 à 45 mn	plus de 45 mn	Sans réponse
LES PARISIENS DU CENTRE	10%	28%	40%	10%	3%	9%
LES PARISIENS BANLIEUSARDS	5%	30%	21%	13%	28%	3%
LES PROVINCIAUX DU CENTRE	6%	47%	25%	9%	7%	6%
LES PROVINCIAUX BANLIEUSARDS	13%	51%	24%	4%	5%	3%

Les provinciaux sont relativement privilégiés. La moitié d'entre eux mettent moins de quinze minutes, qu'ils habitent la banlieue ou le centre des villes.

(B) *Mettez les descriptions de droite à la bonne ligne:*

Sarcelles	quelqu'un de matinal
Myriam Lebeau	quelque chose de très mince
un sociologue	personne de plus triste
un cauchemar	quelqu'un de diplômé
René Paumer	quelque chose de très laid
les murs des H.l.m.	rien de plus effrayant!

(C) *Comblez les vides:*

1 Il ferme la porte – son appartement – 5h 10, attrape l'autobus – 5h 29 – – Pantin.
2 60000 habitants, parachutés – bataillons dans – rues grises et anonymes, qui s'allongent – année – année – nord – Paris.
3 – grands immeubles – béton gris, plantés – un plateau désertique – Val-de-Marne...
4 C'est Bois-Labbé, – – 2400 logements H.l.m. – Champigny.
5 Elle ne travaille pas, n'a pas – voiture, ne peut – évader – rarement: les transports – commun sont – éloignés.

II Votre corps

Le malade imaginaire?

(*Dans le cabinet de consultation. Entre Henri, plié en deux. Le docteur Guéritout, médecin général, est en train de rédiger une ordonnance. Henri tousse.*)

Docteur G: (*sans lever les yeux*) Cette ordonnance est urgente. Ce sera vite fait. Asseyez-vous.

Henri: Je ne peux pas m'asseoir. J'ai mal à la fesse gauche.

Docteur G: (*toujours sans regarder*) Alors restez debout. J'en ai pour trente secondes.

Henri: Il m'est impossible de me tenir debout longtemps. J'ai mal aux pieds.

Docteur G: (*faisant des gestes, toujours préoccupé*) Couchez-vous donc sur le canapé.

Henri: (*se dirigeant vers le canapé, puis hésitant*) C'est que j'ai mal au dos, docteur. Je ne peux pas rester couché plus de deux minutes à cause de mes reins.

Docteur G: Bon, j'arrive, j'arrive. Et la douleur, où est-elle exactement?

Henri: Laquelle? Car j'en ai plusieurs. Mais la plus aiguë, ça commence dans la poitrine (*indiquant du doigt*), ça s'étend jusqu'aux bras, tout en me donnant de furieux maux de tête.

Docteur G: (*méfiant*) Quel phénomène! Ôtez vos vêtements et je vous examinerai.

Henri: Mais justement, docteur. Un autre problème, c'est que depuis hier je suis pratiquement plié en deux.

Docteur G: Oh là là! A-t-on jamais vu un cas pareil? Je ferai venir mon infirmière pour vous aider à vous déshabiller.
(*Il appuie sur la sonnerie, et l'infirmière paraît*)

Infirmière: (*trébuchant sur le tapis et se cognant la tête contre la cloison*) Aïe! Oui, docteur. Vous m'avez appelée?

Docteur G: (*tout en mettant un pansement au front de l'infirmière*) Oui, oui. Mais doucement, je vous en prie, j'ai assez d'infirmes pour l'instant! Vous allez avoir un bleu énorme.

Infirmière: En effet, ma tête commence à me faire mal, et ce n'est pas tout. Quand vous m'avez sonnée, j'étais sur le point de préparer une piqûre. La sonnerie m'a fait peur et je me suis piqué le doigt avec la seringue. Il me fait mal maintenant.

Docteur G: C'était une piqûre contre quoi?

(*Henri tousse poliment.*)

Infirmière: Vous avez la voix rauque ou les amygdales enflées, peut-être? Je vous cherche un sirop.

Docteur G: Non, il s'agit de douleurs mystérieuses un peu partout. Aidez-moi à enlever ses vêtements.

(*En poussant des cris de douleur, Henri résiste aux tentatives de l'infirmière et du médecin.*)

Henri: Aïe! C'en est fait de moi! Je suis mort, je suis assassiné!

Docteur G: Holà! Mais qu'est-ce que vous avez?

Henri: C'est mon pied gauche. Il est presque écrasé!

Infirmière: Ça ne m'étonne pas. Ce sont vos bretelles qui l'entourent! Tout s'explique maintenant. Mais qu'est-ce qui se passe? Je commence à avoir le vertige, moi.

(*Elle s'évanouit. Le médecin court de long en large, ne sachant plus où donner de la tête.*)

(A) *Répondez aux questions suivantes:*

1 Pourquoi Henri ne pouvait-il pas s'asseoir?
2 Qu'est-ce qu'il ne pouvait pas faire non plus?
3 Quand a-t-il hésité?
4 Quelle était sa douleur la plus aiguë?
5 Qu'est-ce que le docteur lui a dit de faire? Pourquoi?
6 Depuis quand était-il pratiquement plié en deux?
7 Pourquoi le médecin a-t-il voulu faire venir son infirmière?
8 Qu'est-ce que l'infirmière a fait en entrant dans le cabinet? (Donnez deux actions.)
9 Comment le médecin l'a-t-il soignée?
10 Pourquoi le doigt de l'infirmière a-t-il commencé à lui faire mal?
11 Comment Henri s'est-il fait remarquer?
12 Pourquoi l'infirmière était-elle sur le point de lui chercher un sirop?
13 Comment Henri a-t-il résisté aux tentatives du médecin?
14 Qu'est-ce qui a fait mal à Henri soudain?
15 A votre avis, pourquoi ses bretelles entouraient-elles son pied?

— Le monsieur qui est passé sous un rouleau compresseur? ... Chambres 102, 103, 104... (Masch).

Docteur Philippe PANAGET
Diplômé de la Faculté de
Médecine de Strasbourg

CHIRURGIEN

68200 MULHOUSE,
8, Avenue des Sapins
Tél: (89) 31.48.57

Consultations :
lundi : 9h–11h
mardi : 15h–17h
jeudi : 15h–17h
et sur rendez-vous

CERTIFICAT

Je soussigné, Docteur en Médecine, certifie que :

1° l'état de santé de M. ....

demeurant à ....

n° d'immatriculation S.S. ....

NECESSITE :

☐ un arrêt de travail, ☐ une prolongation d'arrêt de travail	de .... jours du .... au .... sauf complications
☐ l'admission d'urgence ☐ le transport d'urgence en ambulance	☐ à l'hôpital de .... ☐ à son domicile ....

LUI PERMET de reprendre son travail,
à dater du ....

2° l'enfant .... né le ....

demeurant à ....

ne présente aucun signe de maladie contagieuse actuellement décelable, d'affection cutanée transmissible ou de parasitose.
Il peut donc, sans danger pour autrui :

- reprendre la fréquentation scolaire,
- être admis en colonie de vacances.

Date : Signature :

Tom Haines, homme d'affaires anglais, conscient soudain de l'approche de ses quarante ans, voulait participer à un stage de ski dans les Pyrénées. Dès qu'il eut fixé les dates de ses vacances de Pâques, il se rendit à l'agence de voyages pour choisir une station de ski convenable. Après qu'il eut versé la somme requise, il acheta des skis, des après-ski, une grande quantité de cigarettes – bref, tout l'essentiel pour son séjour.

Le jour de son départ arriva. Lorsqu'il fut monté dans l'avion, il alluma une cigarette et se mit à lire ‹la Revue des Skieurs›. A peine eut-il fumé la moitié de sa cigarette qu'une hôtesse de l'air vint lui demander de l'éteindre. Dès qu'elle se fut éloignée, il l'éteignit, furieux, oubliant d'acheter ses deux cents Gauloises hors taxe.

Quand il se fut procuré des cigarettes à son aéroport de destination, il sortit héler un taxi qui devait l'emmener à son hôtel. Ce fut à son chagrin qu'il vit que le seul taxi disponible était couvert d'autocollants antitabagistes.

— Ça, c'est le comble, dit-il au chauffeur. C'est mon droit de fumer. Celui-ci se contenta de hausser les épaules.

Le deuxième jour sur les pistes, Tom eut du mal à respirer. Aussitôt qu'il fut rentré à l'hôtel, il acheta encore deux paquets de cigarettes au bar, ayant terminé celles qu'il avait achetées deux jours auparavant. Ce fut à cet instant qu'une jeune femme qu'il reconnaissait vaguement s'approcha de lui et dit:

— Je vous observe depuis notre départ de Londres et j'ai vraiment peur pour vous. Vous fumez comme un sapeur et vous êtes toujours hors d'haleine.

A peine la femme eut-elle proféré ses conseils que Tom fut saisi d'une crise de toux à lui arracher les poumons. Après que le garçon lui eut donné un verre de bière, la jeune femme lui dit:

— Attention, monsieur! La prochaine fois ce sera peut-être une tout autre bière qu'il vous faudra!...

(B) *Answer in English:*

1 Why did Tom Haines decide to go skiing?
2 Which three things did he do before equipping himself for the trip?
3 How many cigarettes had he smoked on the plane before being asked to stop?
4 What did he forget to buy on the plane?
5 What annoyed him about his taxi?
6 Why did he stop skiing and return to his hotel on the second day of his holiday?
7 Why did the young woman approach him in the bar?
8 What happened to Tom after she had spoken to him?
9 Explain the young woman's final comment.

— Vous avez déjà vu un gosse de cet âge qui savait lire, vous ? (Lavergne)

(C) *Suivant le modèle, reliez les deux phrases:*

Modèle Il fixa les dates de ses vacances. Il se rendit à l'agence de voyages. (Quand)
→ Quand il **eut fixé** les dates de ses vacances, il se rendit à l'agence de voyages.

1 Il arriva à l'aéroport. Il acheta un paquet de cigarettes. (Dès que)
2 Il s'installa dans l'avion. L'hôtesse de l'air lui demanda de s'attacher. (Après que)
3 Le douanier visita sa valise. Tom sortit héler un taxi. (A peine...que)
4 Il monta dans sa chambre. Il alluma une cigarette. (Lorsque)
5 Elle s'assit près du bar. La jeune femme lui adressa la parole. (A peine...que)
6 Il prit un verre de bière. Il se sentit mieux. (Aussitôt que)
7 Il écouta les conseils de la jeune femme. Il comprit qu'elle avait raison. (Quand)

III Saint-Étienne: la Grande École du football

Une salle de jeux (avec flipper, baby-foot et téléjeux). Une salle de cours (avec tableau noir et magnétoscope). Et une petite chambre style cité universitaire: de nos jours on se permet n'importe quoi! Voilà, en effet, tout l'univers de Pierre Canton, 17 ans, l'oeil clair et le cheveu bouclé. Un étudiant quelconque? Non, un étudiant d'un genre particulier. Il est là afin d'étudier... le football.

Et pas n'importe où: au centre de formation de l'Association Sportive de Saint-Étienne (A.S.S.E.). N'importe quel Français vous dira que c'est le plus réputé de France. C'est le centre où des milliers d'apprentis footballeurs souhaitent faire, un jour, leurs classes. Une sorte de Grande École du ballon rond.

A n'importe quelle heure de la journée vous les trouverez, les treize, qui s'entraînent dans le stade Geoffroy-Guichard. Venus des quatre coins de France ils ont tous été recrutés par le même homme, Pierre Garonnaire, 65 ans, mais en paraissant vingt de moins. Il regrette de ne plus pouvoir jouer lui-même, mais ce n'est pas n'importe qui; c'est un athlète qui s'est bien conservé. «Pour rester sportif, il n'est nécessaire que de s'entraîner tous les jours» dit-il. «Je suis content d'avoir treize jeunes gens prêts à consacrer leur temps d'une façon pareille. Il est possible de devenir un champion de football, mais pas n'importe comment. Il s'agit de se soumettre à un régime sévère en ce qui concerne la forme, mais ce n'est pas une discipline militaire que je leur ordonne d'accepter.»

(*L'Express*)

(A) *A l'aide du texte, écrivez une expression ayant le même sens que celle qui est désignée:*

1 Il s'entraîne dans **un stade quelconque.**
2 Pierre Garonnaire ne veut embaucher **quiconque.**
3 On essaie de se faire inscrire au club **d'une façon quelconque.**
4 Les apprentis footballeurs ne pensent qu'à leur sport **à toute heure de la journée.**
5 On choisit **un endroit quelconque** pour le premier stage de formation.
6 Les footballeurs feraient **tout** pour réussir.

(B) *Trouvez des termes synonymes dans le passage:*

1 **Je suis heureux d**'être resté sportif.
2 Toutes les équipes **veulent** gagner la Coupe d'Europe.
3 **On peut** réussir en s'entraînant souvent.
4 Les débutants travaillent dur **pour** devenir des champions.
5 **Je leur dis de** ne pas se disputer avec l'arbitre.
6 **Nous sommes tristes de** n'avoir pas été acceptés par Saint-Étienne.
7 Pour bien apprendre les principes de la santé physique **il faut** assister à des cours de gymnastique.

NE PERDEZ PAS PIED!

(C) *Combler les vides en regardant le schéma ci-dessous:*

Mundial en un coup d'œil

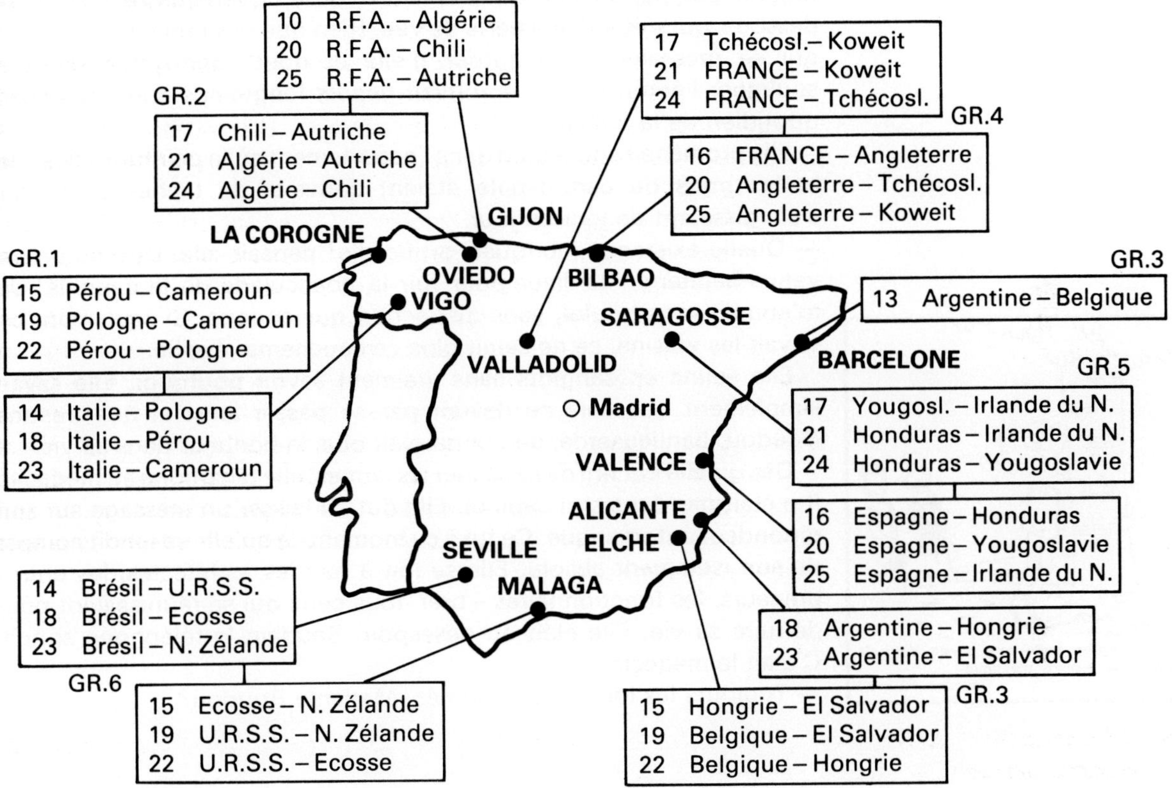

La Coupe du monde 1982 en un coup d'œil : les dates du premier tour (13–25 juin), et tous les matches des six groupes. (Carte d'Henri Jacquinet.)

(i) 1 Les Algériens sont venus – Algérie – Espagne pour le Mundial.
2 Les – sont arrivés – Italie pour y participer.
3 Les – sont venus – Brésil pour y prendre part.
4 Les spectateurs – sont arrivés – Pays-Bas pour assister à la Coupe du Monde.
5 Les – sont rentrés – Belgique après leur défaite.
6 Les – retournent – Chili une fois battus.
7 Après la finale les – , spectateurs neutres, sont rentrés – Pays-Bas.

(ii) 1 Le 22 juin les Péruviens ont joué contre les – .
2 Le 18 juin les Argentins ont joué contre les – .
3 Le 25 juin les Irlandais du Nord ont joué contre les – .
4 Le 19 juin les Néo-Zélandais ont joué contre les – .
5 Le 25 juin les Autrichiens ont joué contre les – .

IV Tremplin

A peine Jeanne se fut-elle débarrassée de ses enfants pour la journée qu'elle s'installa près de la fenêtre pour s'assurer que l'ascenseur délabré les avait bien déposés sains et saufs au rez-de-chaussée. Ils finirent par déboucher sur le plateau désertique, quinze étages en dessous, qui s'étendait à perte de vue. Rien que des monstres de béton qui se dressaient tout autour d'elle et dont l'anonymat semblait souligner l'ennui qu'elle éprouvait depuis longtemps après le départ quotidien de la famille.

Elle promenait son regard dans l'appartement où la peinture s'écaillait et les murs de carton-pâte étaient couverts de taches d'eau qui s'élargissaient de jour en jour.

— Quelle existence fabriquée, artificielle! pensait-elle. Dire qu'on est venus habiter en banlieue pour fuir la bousculade de la capitale! Je m'ennuie sans boulot, sans distraction quelconque. Si seulement on voyait les voisins, ce ne serait plus ce cauchemar éveillé.

Elle éclata en sanglots sans vraiment savoir pourquoi. Elle savait simplement que cela ne devrait pas se passer ainsi et que Jeanne Boudou, banlieusarde, ne connaissait plus le bonheur dans sa vie.

Dès qu'elle eut fini de se sécher les larmes, elle téléphona au médecin. Il n'était pas dans son cabinet. Elle dut lui laisser un message sur son répondeur automatique. Ce fut à ce moment-là qu'elle se rendit compte de son isolement absolu. Elle se mit à haïr les architectes, les entrepreneurs, les fonctionnaires – bref, tous ceux qui se réunissaient pour détruire sa vie. Elle était au désespoir. Soudain le téléphone sonna. C'était le médecin.

— Toujours les mêmes comprimés, Madame Boudou?

Pensez ! Après toute une année dans le béton et la matière plastique !
(Jacques Faizant)

(A) *Read the passage and answer the two questions:*

1 *Complete the following:*
After Jeanne had . . . she sat near the window in order to . . . Her flat was on the . . . and overlooked . . . All around her there was nothing but . . . and for a long time now she'd felt . . . In the flat the paint was . . . and the walls were . . . She couldn't believe that they'd come to . . . in order to . . . This nightmare existence could be avoided if . . . She didn't know why she then . . . She only knew that . . .

2 *Translate the last section of the passage into English* (Dès qu'elle...Madame Boudou?).

(B) *Traduisez en français:*

1 He's at the stadium at all hours, training with the other twelve players.
2 After he'd bought his duty-free cigarettes, he asked when the plane was due to land.
3 Not knowing which way to turn, he called the nurse by pressing the emergency bell.
4 — Did someone important call this morning?
— No, no-one special.
5 As soon as she'd given him her advice, she walked away from the bar.
6 Michel had hardly started skiing when he felt out of breath.
7 You won't find that in every magazine – anyone will tell you that.

(C) *Trouvez le vocabulaire dans le chapitre pour compléter les définitions suivantes:*

1 Une campagne lancée contre les fumeurs, c'est une campagne ———
2 Se lever très tôt le matin, c'est être ———
3 Pour se procurer des médicaments chez le pharmacien il faut présenter une ———
4 Donner tout son temps au football, c'est ——— son temps à ce sport.
5 Certains portent des ——— pour soutenir un pantalon.
6 Si l'on souffre d'une angine, c'est parce que les ——— sont enflées.
7 Buter sur quelque chose, c'est ——— sur quelque chose.
8 Ne pas se fier à quelqu'un, c'est être ——— de quelqu'un.
9 Perdre connaissance soudain, c'est s'———
10 Se frapper la tête contre quelque chose, c'est se la ———

(D) *Dissertation*

1 Vous êtes médecin général à Sarcelles. Une mère de famille vient demander des comprimés anti-dépression. Ecrivez le dialogue qui se produit (là où elle habite, sa famille, sa journée typique, ses intérêts, etc)
2 Inventez une histoire intitulée ‹A votre santé!›

(E) *Débat*

La classe se divise en petits groupes pour discuter la proposition suivante:

‹L'alcool et le tabac: êtes-vous pour ou contre?› Vous devez parler de la santé physique, de la sécurité routière, de l'argent dépensé pour ces deux ‹stimulants›, etc.

(F) *Projet*

Vous travaillez pour le ministère du Cadre de Vie et vous êtes chargé(e) de dessiner des affiches avec des formules frappantes en français sur les sujets suivants:

1 l'antitabagisme
2 l'importance du sport dans la vie
3 la santé et le rôle du médecin
4 les grands ensembles

(G) *Listen to the passage that your teacher is going to read to you, and answer the questions in English:*

1 What were the findings of the Ministry of Health? (2)
2 What did this urge the Minister to do? (2)
3 How many classes, and at what level, took part in the 'Oxygène' competition last January? (2)
4 How often is the competition organised, and which other ministry is involved? (2)
5 What is the prize? (3)
6 What did one of the classes submit as a winning entry? (1)
7 How many of the pupils questioned claimed they did not smoke? (1)
8 Why were some of the competition winners particularly pleased? (1)
9 What took place in the mornings? (1)
10 Where did they go in the afternoons and what did they have the chance to do? (2)
11 Who had put up the posters in the chalet? (1)
12 Describe two of the posters. (2)

Total (20)

DANS LE MÊME BAIN!

(H) *Vous êtes Brice Lalonde, chef des ‹Verts› (le principal parti écologiste français). Vous devez faire un rapport sur les aspects de la vie française d'aujourd'hui qui vous déplaisent le plus et offrir des recommandations qui aboutiront à une amélioration de la vie quotidienne. Reproduisez les idées fondamentales de ce rapport qui portent sur les domaines suivants:*

le logement
l'éducation et le rôle du sport
la santé des Français
les priorités de l'Etat en matière de dépenses (distractions, énergie, gadgets modernes, etc)
le territoire national et la protection des animaux

CHAPITRE 10

Ce que femme veut, Dieu le veut

— C'est pour un sondage concernant l'égalité de l'homme et de la femme... Qu'est-ce que je réponds, poulette ?... (Masch)

I La vie d'une femme

(Revue du livre *Une femme toute neuve* de Janine Boissard)

Un drame comme il y en a tant, atroces et discrets. Tel est celui que vit une femme de quarante-cinq ans que son mari quitte pour une jeune femme. Ce drame dont chacun de nous connaît beaucoup d'exemples est peut-être commun, il n'est jamais banal. Tout dans le nouveau roman de Janine Boissard, ‹Une femme toute neuve›, est vrai, douloureux, pudique.

L'héroïne, Claudine, mariée très jeune à un avocat, est heureuse depuis longtemps entre son mari et ses enfants. Bien qu'elle fasse tout avec beaucoup d'amour et de bonne volonté, son mari regrette qu'elle ne soit plus ‹neuve›, qu'il n'y ait plus de nouveauté dans leur mariage. Donc il la quitte. Le roman s'ouvre sur ces mots: «J'ai regardé cet homme, j'ai regardé mon amour de vingt ans, mon compagnon de route, de plaisir et de peine, mon compagnon, et je me suis dit – C'est fini.»

Sur cette fin d'une vie il faut que Claudine bâtisse une autre, qu'elle reprenne sa dignité personnelle. Elle veut que sa personne redevienne toute neuve pour qu'elle puisse se rétablir, et cela sans cris, sans aigreur. Janine Boissard exige que les enfants soient plus préoccupés d'eux-mêmes que de leur mère; elle demande que nous autres lecteurs réagissions, que nous ne soyons pas passifs.

Le vieux père de Claudine, le plus grand ami qu'elle connaisse, trouve son réconfort dans la nature. Il est possible que nous devions considérer celui-ci comme le personnage le plus attachant du roman. Certes, c'est le seul qui sache ce qu'il faut chercher dans la vie.

Ce récit raconte avec simplicité une histoire que d'autres avaient présentée comme tragique et déchirante.

(*Le Figaro*)

(A) *Suivant le modèle, inventez une phrase contenant le subjonctif:*

Modèle Elle n'est plus ‹neuve›, et c'est ce qu'il regrette.
→ Il regrette qu'elle ne **soit** plus ‹neuve›.

1 Il n'y a plus de nouveauté dans leur mariage, et c'est ce qu'il regrette.
2 Nous ne sommes pas passifs, et c'est ce que l'auteur veut.
3 Les enfants sont plus préoccupés d'eux-mêmes que de leur mère, et c'est ce que l'auteur exige.
4 Claudine bâtit une autre vie, et c'est ce qu'il faut.
5 Sa personne redevient toute neuve, et c'est ce qu'elle demande.

(B) *Comblez les vides, employant chaque fois le subjonctif du verbe désigné:*

1 C'est le seul personnage qui —— vraiment Claudine. (connaître)
2 L'histoire est bien racontée pour que nous ——. (réagir)
3 Bien que le mari —— depuis longtemps que le mariage est fini.... (savoir)
4 C'est le sujet le plus commun que l'auteur —— choisir. (pouvoir)
5 Il est possible que Claudine —— ses forces auprès de son père et qu'il la —— revivre. (reprendre/faire)

(C) *Ecrivez une courte revue d'un livre que vous avez lu récemment. Mentionnez surtout les personnages, le développement de l'action, le dénouement, les liaisons, les descriptions. Vous pouvez aussi faire la critique d'un film que vous avez vu récemment.*

Elle est très occupée en ce moment, mais je peux prendre le message...
(Lavergne)

II Vive le MLF!

(*Scène: Réunion d'urgence du Mouvement de Libération des Femmes à Paris*)

Présidente: Je suis contente que vous soyez là et que vous n'ayez pas peur de vous déclarer. Mais je vous avoue que je suis triste que vous ne vouliez pas toutes participer à la ‹manif› de la semaine prochaine. Les difficultés de famille pèsent sur vos épaules – soit! Mais que je vous dise franchement mon opinion: vous êtes des lâches, et il n'y a rien que vous puissiez répondre à cela.

Jeune femme: (au premier rang) Mais si! Je doute que tu aies la moindre idée des problèmes quotidiens d'une ménagère, toi qui n'es pas mariée. A moins que tu ne prennes au sérieux le dilemme d'une mère de famille, tu ne convaincras jamais la plupart de nos adhérentes.

Autre jeune femme: Oui, j'ai peur que nous ne nous prenions quelquefois trop au sérieux et que l'homme de la rue ne nous voie comme des imbéciles. Avant que je ne me soumette aux ordres du comité central, je veux que tu nous rassures.

Présidente: Mes chères amies, il semble que vous hésitiez. Nous devrons être prêtes à tout faire, pourvu que le mouvement féministe ne meure pas et que l'homme nous craigne comme les futurs gagne-pain de la société. Que vos maris gardent les enfants eux-mêmes, que l'homme de la rue se moque de nos intentions – peu importe! Il est temps que la société française boive la coupe jusqu'à la lie. Nous nous battrons jusqu'à ce que l'homme veuille reconnaître l'égalité des deux sexes.

(A) *Answer in English:*

1 What is the setting of this dialogue?
2 What is the chairperson pleased about?
3 What saddens her?
4 How does she criticise feminists with families?
5 Why doesn't the first young woman accept this?
6 According to her, what must the chairperson do to be convincing?
7 Which two things is the second young woman afraid of?
8 Which two priorities does the chairperson put forward?
9 What should members ignore?
10 Until when will they continue to fight?

(B) *Comblez les vides:*

1 Je suis triste que le monde ne —— pas accepter l'égalité des femmes. (vouloir)
2 Pourvu que tu ne —— pas à la légère le dilemme... (prendre)
3 Que la France —— à la santé du mouvement féministe! (boire)
4 Nous sommes contentes que la société nous ——. (craindre)
5 Il est temps que vous n'—— plus. (hésiter)
6 Jusqu'à ce que tu —— plus de dignité personnelle. (avoir)

— Et pourquoi achèterions-nous un autre fauteuil? Est-ce que par hasard, tu aurais l'intention d'inviter quelqu'un à regarder la télé? (Tetsu).

7 Il n'y a rien qui ne —— pas. (mourir)
8 Il semble que je vous —— à un régime sévère. (soumettre)
9 A moins que vous —— garder les enfants vous-mêmes. (vouloir)
10 Elles veulent que vous —— à la réunion. (être)
11 Avez-vous peur que je —— vous —— la vérité? (dire)
12 Avant qu'on —— nous —— comme des lâches. (voir)

(C) *Lisez le sondage d'en face.*
Faites votre propre sondage sur les qualités que vos camarades de classe apprécieraient chez leur partenaire (ajoutez d'autres questions au fur et à mesure).

III Les plus fortes ont fait la loi

Mme. Marguerite Yourcenar est entrée à l'Académie Française bien qu'elle ne l'ait pas désiré outre mesure. Mme. Thatcher, ‹la dame de fer›, gouverne d'une main ferme la Grande-Bretagne depuis deux ans, quoique sa cote soit tombée. Mme. Indira Gandhi conserve son pouvoir

L'HOMME IDÉAL DES FRANÇAISES

1

Q : Qu'est-ce qui vous attire en premier chez un homme ?

	ENSEMBLE DES INTERVIEWÉES
Le charme	33%
Le dynamisme	33%
Le regard	31%
La façon de s'habiller	22%
La virilité	12%
La taille	11%
La voix	10%
La coupe de cheveux	7%
Les mains	6%
La démarche	4%
La bouche	1%
Sans opinion	7%

Q : Que demandez-vous d'abord à un homme ?

	SELON L'ÂGE DES INTERVIEWÉES			ENSEMBLE
	18 À 34ANS	34 À 49ANS	50ANS ET PLUS	
Qu'il soit loyal	50	61	70	60%
Qu'il respecte votre indépendance	61	54	45	53%
Qu'il vous aime	63	58	32	51%
Qu'il vieillisse avec vous	21	37	36	30%
Qu'il vous rassure	16	22	21	19%
Qu'il vous fasse rire	15	14	11	13%
Qu'il vous aide à vous élever socialement	12	11	7	10%
Qu'il vous fasse bien l'amour	16	5	3	9%
Qu'il vous étonne	8	3	4	5%
Qu'il vous entretienne	2	4	3	3%
Qu'il vous attendrisse	2	4	-	2%
Qu'il vous fasse des enfants	2	2	1	2%
Sans opinion	3	1	7	4%

Le total des pourcentages est supérieur à 100, les personnes interrogées ayant pu donner plusieurs réponses.

2

Q : Est-il très, assez, peu ou pas du tout important que l'homme avec lequel vous vivez (ou avec qui vous pourriez vivre...)

	TRÈS OU ASSEZ IMPORTANT	PEU OU PAS DU TOUT IMPORTANT	SANS OPINION	
Prenne en charge les formalités ennuyeuses (documents administratifs, etc.)	51	47	2	100%
Partage les tâches du ménage	65	33	2	100%
Participe à l'éducation des enfants	96	2	2	100%
Ait des attentions pour vous	95	3	2	100%
Discute avec vous, vous parle	98	1	1	100%
Accepte de vous laisser réussir dans votre profession même au détriment de sa commodité personnelle	70	19	11	100%
Accepte que vous ayez vos propres ami(e)s	81	18	1	100%
Dispose d'une fortune personnelle	14	82	4	100%

Q : Pour vous, qu'est-ce qui est le plus important ?

	ENSEMBLE DES INTERVIEWÉES
Vivre avec quelqu'un gagnant beaucoup d'argent, même si son travail l'oblige à être souvent absent	7
Vivre avec quelqu'un gagnant moins d'argent, mais étant plus disponible	89
Sans opinion	4
	100%

Sondage effectué du 15 au 18 juillet 1980 pour ELLE par la Sofres. Echantillon national de 500 femmes représentatif (par la méthode des quotas) de l'ensemble des femmes âgées de 18 ans et plus sur une nation qui compte le septième de la population du globe terrestre, bien qu'elle ait dû faire face à des inimitiés multiples. Cinquante-huit pour cent des candidats reçus au baccalauréat, l'an dernier, étaient du sexe féminin, et la proportion était plus forte encore dans les sections littéraires. La femme vaincra. Elle est déjà en train de vaincre sans qu'on s'en soit aperçu, peut-être.

Jadis même, la femme montrait la compétence, l'énergie, l'intelligence nécessaires pour qu'elle assurât, de façon parfois glorieuse, l'autorité suprême sur les nations et les empires et pour qu'elle fût reine sans contestation. A titre d'exemple, Boadicée. Sans qu'elle eût cédé devant les Romains, ce fut elle qui leur tint tête jusqu'à ce qu'elle mourût en l'an 61 après J-C.

(‹Oiseau ou souris?› *Le Figaro*)

(A) *Répondez aux questions suivantes:*

1 Qu'est-ce que Mme. Yourcenar n'avait pas tellement voulu?
2 Pourquoi Mme. Thatcher était-elle surnommée ‹la dame de fer›?
3 Où Mme. Gandhi est-elle au pouvoir?
4 Qu'est-ce qu'elle a été obligée de supporter?
5 Quel pourcentage de ceux qui ont réussi leur baccalauréat en 1980 représentait des hommes?
6 Expliquez la phrase ‹La femme vaincra›.
7 Qu'est-ce que Boadicée avait toujours refusé de faire, et jusqu'à quand?

(B) *Trouvez dans le passage des termes ayant le même sens:*

1 affronter
2 trop désiré
3 sa popularité
4 du monde
5 autrefois
6 quelquefois
7 sans opposition
8 capitulé
9 s'opposa à eux
10 gagnera

(C) *Suivant le modèle, reliez les deux phrases:*

Modèle Elle est entrée à l'Académie.
Elle ne l'a pas désiré. (quoique)
→ Elle est entrée à l'Académie quoiqu'elle ne l'**ait** pas désiré.

1 La femme a déjà vaincu les hommes. Ils ne s'en sont pas aperçus. (bien que)
2 M. Giscard d'Estaing est resté Président. Sa cote est tombée. (jusqu'à ce que)
3 Les ministres de Mme. Gandhi conservent leur pouvoir. Ils ont dû faire face à beaucoup de problèmes. (bien que)

(D) *Suivant le modèle, reliez les deux phrases:*

Modèle Boadicée fut reine. Elle s'empoisonna. (bien que)
→ Bien que Boadicée **fût** reine, elle s'empoisonna.

1 Mme. Gandhi accéda au pouvoir. Elle dut lutter longtemps pour y rester. (quoique)
2 Boadicée mourut en l'an 61. Elle se battit avec les Romains. (avant que)
3 Elle avait cédé devant les Romains. Elle leur tint tête jusqu'à sa mort. (sans que)

NE PERDEZ PAS PIED!

(E) *Suivant le modèle, reliez les deux phrases:*

Modèle Son mari la quitta. Il se maria avec quelqu'un d'autre. (Quand)
→ **Quand son mari l'eut quittée, il se maria avec quelqu'un d'autre.**

1 Claudine bâtit une nouvelle vie. Elle devint une femme toute neuve. (Après que)

2 Les féministes refusèrent de participer à la manif. La présidente les interrompit. (A peine... que)
3 La présidente convainquit la jeune femme. Elle se soumit aux ordres du comité central. (Dès que)
4 Mme. Yourcenar entra à l'Académie française. Elle s'y habitua très vite. (Lorsque)
5 Mme. Thatcher se mit à gouverner d'une main ferme. Sa cote tomba. (Aussitôt que)

DERNIÈRE NAGE!

(F) *Combler les vides, choisissant le subjonctif présent ou parfait selon le sens:*

1 Le mari est tombé amoureux d'une autre femme, quoique Claudine —— très heureuse avec lui. (être)
2 Le mari de Claudine l'a quittée, bien qu'il la —— depuis vingt ans. (connaître)
3 Avant qu'elle —— premier ministre, Mme. Thatcher était ministre de l'Education. (devenir)
4 Selon la présidente, il faut que les féministes —— plus de courage. (avoir)
5 J'ai toujours peur que tu ne te —— trop au sérieux. (prendre)
6 Il semble que la manif —— sans incident. (avoir lieu)
7 Jusqu'à ce que nous —— lutter ensemble. (pouvoir)
8 C'est la femme la plus compétente que je ——. (voir jamais)
9 La réputation du MLF exige que ses adhérentes ——. (ne pas céder)
10 Pourvu qu'elles —— ce qu'elles veulent, nous sommes contents qu'elles —— quoi que ce soit! (savoir/faire)

IV Tremplin

(A) *Translate into English:*

Ce fut à la vingt et unième réunion du comité central du MLF qu'on approuva la proposition d'une grande manifestation à Paris. La présidente de séance voulut convaincre toutes les adhérentes qui assistaient au débat qu'elles devraient, coûte que coûte, participer au défilé dans les rues de la capitale. Quoiqu'elle fût éloquente comme toujours, elle était surprise de constater qu'un certain nombre de jeunes mères de famille semblaient être prêtes à désobéir à ses ordres. Elle se vit donc obligée de les pousser à ne plus hésiter devant les exigences du mouvement féministe.

Une blonde au premier rang se leva brusquement, coupa la parole à la présidente et lui fit comprendre qu'il s'agissait tout simplement d'un problème de devoirs familiaux. «Qui va garder les enfants?» demanda-t-elle. «Que veux-tu que nous fassions quand nos maris rentrent à la maison et qu'ils trouvent visage de bois? Tu as de la chance, car tu es célibataire et tu n'as pas besoin de tenir compte des difficultés pratiques de la vie conjugale.»

La présidente comprit qu'elle était au pied du mur. Elle dut changer de tactique, et en appela à la solidarité du MLF et à la nécessité de respecter certaines priorités pour que le mouvement ne meure pas.

«On n'exige pas que vous fassiez quoi que ce soit. On vous demande de tenir les promesses que vous avez faites lorsque vous êtes entrées au MLF. Si vous êtes vraiment enthousiastes, vous arriverez à surmonter n'importe quel obstacle qui pourrait se présenter.»

Et la présidente de sortir...

(B) *Traduisez en français:*

1 It seems that they've already made their decision at today's meeting.
2 I doubt that the demo is going to take place after all.
3 It's high time that we women did something practical for the feminist movement.
4 He left the room without his wife knowing, so that he could telephone Christiane.
5 They want me to be happy, but I've got to build my own life.
6 Before they joined the MLF, they never wanted their daughters to become scientists.
7 There's nothing we can do, unless she really wants us to visit her.

(C) *Débat*

‹A quoi sert le mouvement féministe?›
La classe se divise en deux. Une moitié représente la cause féministe; l'autre la ‹phallocratie›. Chaque personne doit contribuer au débat.

Parlez des origines du mouvement et des problèmes actuels – le rôle de la mère de famille, le travail féminin, les salaires féminins, le droit à l'avortement, les activités de loisir, les droits conjugaux.

(D) *Dissertation*

Vous assistez à une réunion du MLF qui a lieu après la grande manif, et vous devez faire le procès-verbal du meeting.

Mentionnez surtout les événements de la journée, la réaction des hommes, le nombre de manifestantes qui y ont participé et les projets pour l'avenir.

OU

Résumez la vie d'une Française ou Anglaise célèbre que vous admirez depuis longtemps.

(E) *Listen to the passage that your teacher is going to read and answer the questions in English:*

1 What is the official number of domestic workers in France? (1)
2 What percentage of them work part-time only? (1)
3 Name three things the woman says about herself in the advertisement. (3)
4 In what sort of publication did the advertisement appear? (1)
5 How many advertisements for domestic work normally appear? (1)
6 Name four posts still offered by wealthy families. (4)
7 Name two of the more modern groups of employers mentioned. (2)
8 What does not interest this new style of employer? (1)
9 What exactly is the modern employer looking for? (1)
10 Which three financial considerations is a working woman particularly aware of? (3)
11 What is the minimum time off that must be allowed? (1)
12 What is the official minimum basic wage for beginners? (1)

Total (20)

DANS LE MÊME BAIN!

(F) *Les hommes se révoltent! Une grande manif est organisée le jour de la Fête des Pères... Vous êtes chargé(e) de rédiger des slogans sur les sujets suivants:*

1 les salaires masculins
2 les enfants
3 le sport au week-end
4 le café/le pub
5 l'entretien du ménage
(Chaque slogan doit contenir un subjonctif.)

GRAMMAR SUMMARY

Contents

The numbers and letters refer to the sections in the grammar summary

LES VERBES FRANÇAIS

INFINITIF	*PARTICIPES*	*INDICATIF PRÉSENT*	*PASSÉ SIMPLE IMPARFAIT*	*FUTUR CONDITIONNEL*	*SUBJONCTIF PRÉSENT*	*IMPÉRATIF*	*REMARQUES*
Verbes auxiliaires							
avoir	ayant eu	ai, as, a, avons, avez, ont	il eut il avait	il aura il aurait	que j'aie	aie, ayons, ayez	
être	étant été	suis, es, est, sommes, êtes, sont	il fut il était	il sera il serait	que je sois	sois, soyons, soyez	
Verbes réguliers							
chercher	cherchant cherché	cherche, cherches, cherche, cherchons, cherchez, cherchent	il chercha il cherchait	il cherchera il chercherait	que je cherche	cherche, cherchons, cherchez	
finir	finissant fini	finis, finis, finit, finissons, finissez, finissent.	il finit il finissait	il finira il finirait	que je finisse	finis, finissons, finissez	
vendre	vendant vendu	vends, vends, vend, vendons, vendez, vendent	il vendit il vendait	il vendra il vendrait	que je vende	vends, vendons, vendez	
Quelques verbes particuliers en ‹-er›							
payer	payant payé	paie, paies, paie,* payons, payez, paient*	il paya il payait	il paiera* il paierait*	que je paie*	paie,*payons, payez	**ou je paye, etc*
nettoyer	nettoyant nettoyé	nettoie, nettoies, nettoie, mettoyons, nettoyez, nettoient	il nettoya il nettoyait	il nettoiera il nettoierait	que je nettoie	nettoie, nettoyons, nettoyez	
essuyer	essuyant essuyé	essuie, essuies, essuie, essuyons, essuyez, essuient	il essuya il essuyait	il essuiera il essuierait	que j'essuie	essuie, essuyons, essuyez	
commencer	commençant commencé	commence, commences, commence, commençons, commencez commencent	il commença il commençait	il commencera il commencerait	que je commence	commence, commençons, commencez	
manger	mangeant mangé	mange, manges, mange, mangeons, mangez mangent	il mangea il mangeait	il mangera il mangerait	que je mange	mange, mangeons, mangez	
acheter	achetant acheté	achète, achètes, achète, achetons, achetez, achètent	il acheta il achetait	il achètera il achèterait	que j'achète	achète, achetons, achetez	
jeter	jetant jeté	jette, jettes, jette, jetons, jetez, jettent	il jeta il jetait	il jettera il jetterait	que je jette	jette, jetons, jetez	
geler	gelant	gèle, gèles, gèle,	il gela	il gèlera	[illegible]	[illegible]	

INFINITIF	PARTICIPES	INDICATIF PRÉSENT	PASSÉ SIMPLE IMPARFAIT	FUTUR CONDITIONNEL	SUBJONCTIF PRÉSENT	IMPÉRATIF	REMARQUES
appeler	appelant appelé	appelle, appelles, appelle, appelons, appelez, appellent	il appela il appelait	il appellera il appellerait	que j'appelle	appelle, appelons, appelez	
espérer	espérant espéré	espère, espères, espère, espérons, espérez, espèrent	il espéra il espérait	il espérera il espérerait	que j'espère	espère, espérons, espérez	+*répéter, etc*
mener	menant mené	mène, mènes, mène, menons, menez, mènent	il mena il menait	il mènera il mènerait	que je mène	mène, menons, menez	+*lever, etc*
Verbes irréguliers							
aller	allant allé (+*être*)	vais, vas, va, allons, allez, vont	il alla il allait	il ira il irait	que j'aille	*va, allons, allez	**MAIS vas-y!*
(s')asseoir	asseyant assis	assieds, assieds, assied, asseyons, asseyez, asseyent (+*pronoms réfléchis*)	il s'assit il s'asseyait	il s'assiéra il s'assiérait	que je m'asseye	assieds-toi, asseyons-nous, asseyez-vous	
battre	battant battu	bats, bats, bat, battons, battez, battent	il battit il battait	il battra il battrait	que je batte	bats, battons, battez	+*combattre, etc*
boire	buvant bu	bois, bois, boit, buvons, buvez, boivent	il but il buvait	il boira il boirait	que je boive	bois, buvons, buvez	
connaître	connaissant connu	connais, connais, connaît, connaissons, connaissez, connaissent	il connut il connaissait	il connaîtra il connaîtrait	que je connaisse	connais, connaissons, connaissez	+*paraître, etc*
courir	courant couru	cours, cours, court, courons, courez, courent	il courut il courait	il courra il courrait	que je coure	cours, courons, courez	
craindre	craignant craint	crains, crains, craint, craignons, craignez, craignent	il craignit il craignait	il craindra il craindrait	que je craigne	crains, craignons, craignez	+*tout verbe qui se termine par «-indre»*
croire	croyant cru	crois, crois, croit, croyons, croyez, croient	il crut il croyait	il croira il croirait	que je croie	crois, croyons, croyez	
devoir	devant dû (*fém.* due)	dois, dois, doit, devons, devez, doivent	il dut il devait	il devra il devrait	que je doive	dois, devons, devez	
dire	disant dit	dis, dis, dit, disons, dites, disent	il dit il disait	il dira il dirait	que je dise	dis, disons, dites	

INFINITIF	*PARTICIPES*	*INDICATIF PRÉSENT*	*PASSÉ SIMPLE IMPARFAIT*	*FUTUR CONDITIONNEL*	*SUBJONCTIF PRÉSENT*	*IMPÉRATIF*	*REMARQUES*
dormir	dormant dormi	dors, dors, dort, dormons, dormez, dorment	il dormit il dormait	il dormira il dormirait	que je dorme	dors, dormons, dormez	*+servir, etc*
écrire	écrivant écrit	écris, écris, écrit, écrivons, écrivez, écrivent	il écrivit il écrivait	il écrira il écrirait	que j'écrive	écris, écrivons, écrivez	*+inscrire, etc*
envoyer	envoyant envoyé	envoie, envoies, envoie, envoyons, envoyez, envoient	il envoya il envoyait	il enverra il enverrait	que j'envoie	envoie, envoyons, envoyez	
faire	faisant fait	fais, fais, fait, faisons, faites, font	il fit il faisait	il fera il ferait	que je fasse	fais, faisons faites	
falloir	— fallu	il faut	il fallut il fallait	il faudra il faudrait	qu'il faille	—	*n'existe qu'à la 3ᵉ personne*
lire	lisant lu	lis, lis, lit, lisons, lisez, lisent	il lut il lisait	il lira il lirait	que je lise	lis, lisons, lisez	
mettre	mettant mis	mets, mets, met, mettons, mettez, mettent	il mit il mettait	il mettra il mettrait	que je mette	mets, mettons, mettez	*+permettre, etc*
mourir	mourant mort (+*être*)	meurs, meurs, meurt, mourons, mourez, meurent	il mourut il mourait	il mourra il mourrait	que je meure	meurs, mourons, mourez	
naître	naissant né (+*être*)	nais, nais, naît, naissons, naissez, naissent	il naquit il naissait	il naîtra il naîtrait	que je naisse	nais, naissons, naissez	
ouvrir	ouvrant ouvert	ouvre, ouvres, ouvre, ouvrons, ouvrez, ouvrent	il ouvrit il ouvrait	il ouvrira il ouvrirait	que j'ouvre	ouvre, ouvrons, ouvrez	*+couvrir, offrir, souffrir, etc*
partir	partant parti (+*être*)	pars, pars, part, partons, partez, partent	il partit il partait	il partira il partirait	que je parte	pars, partons, partez	*+sortir, etc*
plaire	plaisant plu	plais, plais, plaît, plaisons, plaisez, plaisent	il plut il plaisait	il plaira il plairait	que je plaise	plais, plaisons, plaisez	
pleuvoir	pleuvant plu	il pleut	il plut il pleuvait	il pleuvra il pleuvrait	qu'il pleuve	—	*n'existe qu'à la 3ᵉ personne*
pouvoir	pouvant pu	peux, peux, peut, pouvons, pouvez, peuvent	il put il pouvait	il pourra il pourrait	que je puisse	—	
prendre	prenant pris	prends, prends, prend, prenons, prenez,	il prit il prenait	il prendra il prendrait	que je prenne	prends, [illegible]	*+apprendre,* [illegible]

INFINITIF	*PARTICIPES*	*INDICATIF PRÉSENT*	*PASSÉ SIMPLE IMPARFAIT*	*FUTUR CONDITIONNEL*	*SUBJONCTIF PRÉSENT*	*IMPÉRATIF*	*REMARQUES*
produire	produisant produit	produis, produis, produit, produisons, produisez, produisent	il produisit il produisait	il produira il produirait	que je produise	produis, produisons, produisez	+*conduire*, *construire*, *etc*
recevoir	recevant reçu	reçois, reçois, reçoit, recevons, recevez, reçoivent	il reçut il recevait	il recevra il recevrait	que je reçoive	reçois, recevons, recevez	+*apercevoir*, *etc*
résoudre	résolvant résolu	résous, résous, résout, résolvons, résolvez, résolvent	il résolut il résolvait	il résoudra il résoudrait	que je résolve	résous, résolvons, résolvez	
rire	riant ri	ris, ris, rit, rions, riez, rient	il rit il riait	il rira il rirait	que je rie	ris, rions, riez	+*sourire*
savoir	sachant su	sais, sais, sait, savons, savez, savent	il sut il savait	il saura il saurait	que je sache	sache, sachons, sachez	
sentir	sentant senti	sens, sens, sent, sentons, sentez, sentent	il sentit il sentait	il sentira il sentirait	que je sente	sens, sentons, sentez	+*mentir*
suffire	suffisant suffi	suffis, suffis, suffit, suffisons, suffisez, suffisent	il suffit il suffisait	il suffira il suffirait	que je suffise	suffis, suffisons, suffisez	
suivre	suivant suivi	suis, suis, suit, suivons, suivez, suivent	il suivit il suivait	il suivra il suivrait	que je suive	suis, suivons, suivez	+*poursuivre*
tenir	tenant tenu	tiens, tiens, tient, tenons, tenez, tiennent	il tint il tenait	il tiendra il tiendrait	que je tienne	tiens, tenons, tenez	+*appartenir*, *etc*
vaincre	vainquant vaincu	vaincs, vaincs, vainc, vainquons, vainquez, vainquent	il vainquit il vainquait	il vaincra il vaincrait	que je vainque	vaincs, vainquons, vainquez	+*convaincre*
valoir	valant valu	vaux, vaux, vaut, valons, valez, valent	il valut il valait	il vaudra il vaudrait	que je vaille	vaux, valons, valez	
venir	venant venu (+*être*)	viens, viens, vient, venons, venez, viennent	il vint il venait	il viendra il viendrait	que je vienne	viens, venons, venez	+*devenir*, *se souvenir*, *etc*
vivre	vivant vécu	vis, vis, vit, vivons, vivez, vivent	il vécut il vivait	il vivra il vivrait	que je vive	vis, vivons, vivez	+*survivre*, *etc*
voir	voyant vu	vois, vois, voit, voyons, voyez, voient	il vit il voyait	il verra il verrait	que je voie	vois, voyons, voyez	
vouloir	voulant voulu	veux, veux, veut, voulons, voulez, veulent	il voulut il voulait	il voudra il voudrait	que je veuille	veuille, veuillons, veuillez	

(A) THE VERB

(1) *Present tense*

Ils cherchent la tranquillité à la campagne.
(They look / are looking for peace and quiet in the country.)
Elle ne veut pas aller au cinéma.
(She doesn't want to go to the cinema.)
Prépare-t-il toujours son bac?
(Is he still studying for his 'bac'?)
Y vas-tu souvent?
(Do you often go there?)

(2) *Imperative*

Finis tes devoirs.
(Finish your homework.)
Attendez votre tour.
(Wait for your go.)
Ne bavardons pas longtemps.
(Don't let's chat for long.)
Inscrivez-vous ici.
(Enrol here.)
Ne t'en fais pas.
(Don't worry about it.)
NB Mange ta soupe.
(Eat your soup.)
N'**ayez** pas peur.
(Don't be afraid.)
Soyons raisonnables.
(Let's be sensible.)
Sache ceci...
(Understand this...)
Va! / **Vas**-y! / **Va**-t'en!
(Go! / Go on! / Go away!)

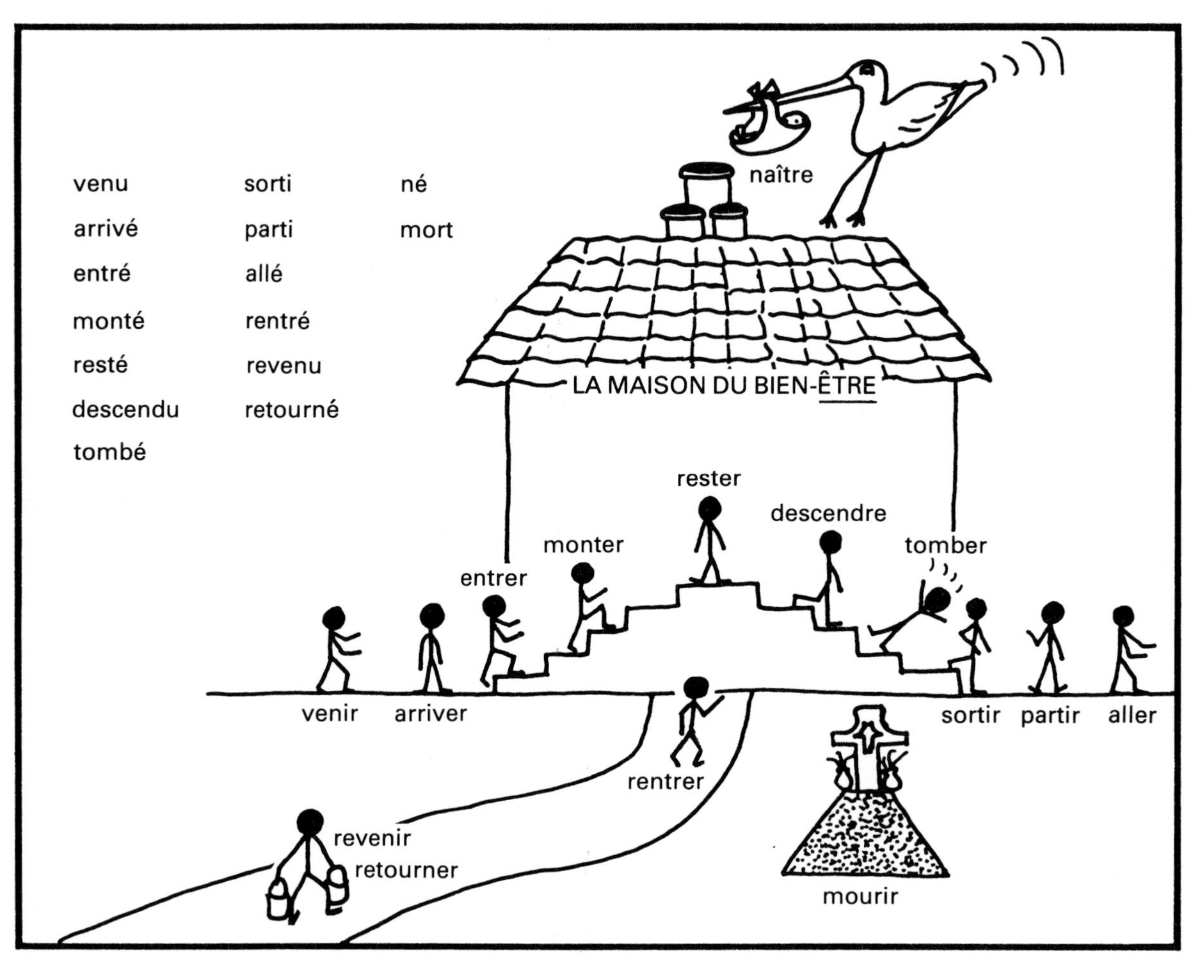

(3) *Compound tenses*

(A) *'Avoir' verbs*
Un orage a éclaté.
(A storm broke out / has broken out.)
Ils avaient ramassé des pierres.
(They had picked up some stones.)
Elle aura obtenu de bons résultats.
(She'll have got good results.)
J'aurais regardé les films à la télé.
(I'd have watched the films on TV.)
Note the agreement with the preceding direct object:
L'armoire que nous avons acheté**e**.
Combien de **gâteaux** aviez-vous mangé**s**?
Tu aurais choisi cette robe? Oui, je **l'**aurais choisi**e**.

(B) *'Être' verbs*
Il est resté huit jours invisible.
(He remained invisible for a week.)
Les OVNIs étaient arrivé**s**.
(The UFOs had arrived.)
Elle sera devenu**e** plus détendue.
(She'll have become more relaxed.)
Elles seraient allé**es** à beaucoup de boums.
(They'd have gone to a lot of parties.)
(*Note the agreement with the subject of the verb each time.*)

The following four verbs take 'avoir' when accompanied by a direct object:

descendre:	Ils sont vite descendus.
	Ils ont descendu l'escalier.
monter:	Elle est montée à cheval.
	Elle a monté la tente.
rentrer:	Elles sont rentrées tard.
	Elles ont rentré le linge.
	(brought the washing in)
sortir:	Il est sorti de bonne heure.
	Il a sorti son vélo.

(C) *Reflexive verbs*
La fusée **s'**est éloigné**e**.
(The rocket moved off.)
Elles s'étaient mises à danser.
(They had begun to dance.)
Il se sera installé dans la nouvelle maison.
(He'll have settled into the new house.)
Ils **se** seraient débrouillé**s**.
(They'd have coped.)
Note that the agreement is with the reflexive pronoun, but only when it is a direct object. Contrast:
Ils se sont téléphoné. (téléphoner **à** qqn.)
Elle s'est brossé les dents. (**dents** = direct object)
Elles s'étaient acheté des bijoux.
(**se** = for themselves)
Nous nous sommes rappelé son nom.
(**nous** = to ourselves)

(4) *Use of tense*

(A) *The perfect tense* (spoken and written French)
The perfect tense is used for a simple action or event in the past which is limited in time; the next thing that happened.
Soudain ils ont remarqué un trèfle à quatre feuilles.
Pendant deux ans il a entendu parler des soucoupes volantes.
Ensuite un chien a aboyé furieusement.

(B) *The past historic tense* (written French). *The past historic is used as above, but only in a past narrative, and without relating to the present.*
Le voisin les dérangea, et ils se sauvèrent à pas de loup.
(The neighbour disturbed them and they crept away.)
Après avoir quitté la prison, il essaya de trouver du travail.
(After leaving prison he tried to find work.)
NB Ce fut en 1967 qu'il obtint son doctorat grâce à une thèse qui l'**a rendu** célèbre.
(It was in 1967 that he received his doctorate thanks to a thesis which **has made** him famous.)
In the last example the final verb relates to the present.

(C) *The imperfect tense*
Whereas the perfect and past historic refer to a clear-cut action or event in the past, the imperfect conveys:

1 *a state of affairs*
Quand ils étaient jeunes ils ne comprenaient pas l'astronomie.
(When they were young they didn't understand astronomy.)

2 *a description in the past*
Il se faisait noir et l'on voyait à peine la route.
(It was getting dark and the road could hardly be seen.)

3 *an idea of habit or repetition*
Tous les jours nous étudiions les photos des ufologues.
(Every day we would/used to study the photos taken by UFO experts.)

4 *a continuing action (which can be interrupted by a perfect or past historic)*
Pendant qu'ils chargeaient le coffre, Franck est allé vérifier l'huile.
(Whilst they were loading the boot, Franck went off to check the oil.)

(D) *The pluperfect tense*

The pluperfect expresses an action or event which precedes another in the past.

Les astronautes avaient fait des vols simulés avant de voyager à la Lune.
(The astronauts had gone on simulated flights before travelling to the moon.)
On a lancé la première navette spatiale en 1981, mais l'idée était déjà née en 1965.
(The first space shuttle was launched in 1981, but the idea had already been conceived in 1965.)
Les passagers commencèrent à regarder le film; certains s'étaient même endormis.
(The passengers began watching the film; some had even gone to sleep.)

(E) *The past anterior*

Formation: Past historic of 'avoir' or 'être' followed by the past participle, with agreements as for other compound tenses.

Dès que sa femme eut fixé les dates des vacances, il se rendit à l'agence de voyages.
(As soon as his wife had fixed the holiday dates, he went to the travel agency.)
Lorsqu'il fut rentré à l'hôtel, il acheta encore deux paquets de cigarettes.
(When he had gone back to the hotel, he bought two more packets of cigarettes.)

NB A peine la femme se fut-elle tournée vers lui qu'il éteignit son cigare.
(No sooner had the woman turned towards him than he put out his cigar.)

English translation as for pluperfect, but the main tense must be the past historic, and the past anterior itself must be preceded by one of the following: quand / lorsque / dès que / aussitôt que / après que / à peine . . . que. (Note inversion with the last example.)

(F) *The future tense*

This tense indicates an action or event which will occur in the future.

La semaine prochaine quelqu'un vous enverra une lettre qui vous plaira.
(Next week somebody will send you a letter which you'll like.)
Quand vous vous en rendrez compte, vous serez moins pessimiste.
(When you realise this, you won't be so pessimistic.)
Note that, as in the last example, the future tense is used after: quand / lorsque / dès que / aussitôt que / tant que.

(G) *The future perfect tense*

This tense expresses an action or event which will occur before another in the future.

Après que nous aurons revu nos camarades, ils seront plus à l'aise.
(After we have seen our friends again, they'll be more settled.)

(H) *The conditional tense*

An action or event which might occur is conveyed by the conditional.

Si elle allait divorcer, elle emmènerait son enfant avec elle.
(If she were going to get a divorce, she'd take her child with her.)
A ta place, je ne serais pas si compréhensif.
(If I were you, I wouldn't be so understanding.)

(I) *The conditional perfect tense*

An action or event which might have happened is conveyed by the conditional perfect.

Si nous avions regardé l'horaire, nous aurions pris le train.
(If we had looked at the timetable, we would have caught the train.)
Sans ses parents, il serait sorti avec ses amis.
(If it hadn't been for his parents, he would have gone out with his friends.)

(5) *Constructions with 'si'*

(A) *'Si' + present . . . future*
Si vous ne participez pas à leurs activités, vous vous ennuierez.

(B) *'Si' + imperfect . . . conditional*
S'il rentrait à une heure du matin, elle lui défendrait de plus jamais sortir.

(C) *'Si' + pluperfect . . . conditional perfect*
S'ils avaient appris à nager, ils ne se seraient pas noyés.

NB 'Si' meaning 'whether' can be followed by other tenses:
e.g. Je ne sais pas s'il est arrivé.
Il se demandait si elle serait d'accord.

(6) *Time constructions with 'depuis' and 'venir de'*

(A) *‹Depuis›*
Il fait ce travail depuis vingt ans. (**present tense**)
(He's been doing this work for twenty years) (and still is).
Elle lisait son horoscope depuis 1961. (**imperfect tense**)
(She'd been reading her horoscope since 1961) (and still was).

(B) *‹Venir de› (only exists in the present and imperfect tenses)*
Je viens de parler avec elle.
(I've just spoken to her.)
Elles venaient de s'asseoir quand leur mère leur a dit de mettre le couvert.
(They had just sat down when their mother told them to lay the table.)

(7) *The infinitive*

The infinitive can have a number of different uses:

(A) *A shortened tense form*
A quoi bon s'inquiéter?
(What's the use of worrying?)

(B) *A replacement for a noun*
L'art de dresser une tente.
(The art of putting up a tent.)

(C) *The subject of a sentence*
Voir c'est croire.
(Seeing is believing.)

(D) *The part of the verb following an interrogative*
Pourquoi tuer les bébés phoques?
(Why kill baby seals?)
Que faire maintenant?
(What can be done now?)

(E) *Some common constructions*
Il est **certain de** perdre.
* Ils sont **obligés/forcés de** partir.
Il **a le droit de** parler.
Elle est **contente de** nous revoir.
Je suis **étonné de** recevoir cette lettre.
Elles n'**ont** pas encore **eu l'occasion de** voyager.

* **BUT** on les oblige/force **à** venir.
Il est toujours **prêt à** nous aider.
C'est **le seul à** connaître l'histoire.
Vous avez **beaucoup**/n'avez **rien à** faire.
Je suis **enclin/porté à** ne pas le croire.
C'est **le premier/dernier à** arriver.
J'ai **quelque chose à** vous dire.

(F) *Constructions expressing perception and statements*
Ils ont vu revenir les vacanciers.
(They saw the holidaymakers coming back.)
Elle a entendu hurler la victime.
(She heard the victim scream.)
Il dit avoir rencontré un ami.
(He says he met a friend.)
Elle avoue avoir passé la nuit chez eux.
(She admits she spent the night with them.)

(G) *The infinitive after 'faire' and 'se faire'*
1 *after 'faire'*
Il faut faire chauffer la voiture.
(We must get the car warmed up.)
Il a fait bâtir un pavillon dans la banlieue.
(He had a house built in the suburbs.)

2 *after 'se faire'*

Les besoins élémentaires commencent à se faire sentir.
(Basic needs are beginning to make themselves felt.)

Note the following examples:

Les pirates de l'air **les** ont fait allonger au sol.
(The hijackers made them lie stretched out on the ground.)
Les terroristes **leur** ont fait lever les mains.
(The terrorists made them raise their hands.)
Les détectives **leur** ont fait admettre qu'ils avaient menti.
(The detectives made them admit that they had been lying.)

If the infinitive is followed by a direct object or by 'que', the personal pronoun is indirect. Note also that there is no agreement with the past participle of 'faire' in this construction.

NB *Contrast 'laisser' and 'rendre' with the above.*
C'est la fille que nous avons **laissée** venir.
(agreement required)
Le voyage les a **rendus** malades.
(precedes an adjective)

(H) *The past infinitive*

Elle ne lui pardonna jamais d'**avoir abandonné** sa famille.
(She never forgave him for abandoning/having abandoned his family.)
Ils me remercièrent d'**avoir sauvé** leur neveu.
(They thanked me for saving/having saved their nephew.)
Il l'accusa de **n'avoir pas tenu** sa parole.
(He accused him/her of not keeping/having kept his/her word.)

Note the following constructions:

Après avoir refusé une prise de sang, le suspect fut emmené au commissariat.
(After refusing/having refused to give a blood sample, the suspect was taken to the police station.)
Après être rentrée chez elle, Claudine se versa un verre de cognac.
(After going back home/having gone back home, Claudine poured herself a glass of brandy.)
Après nous être couchés, nous entendîmes un bruit dans la cave.
(After going to bed/having gone to bed, we heard a noise in the cellar.)
Alternatively:
Ayant refusé... / **Etant rentrée**... / **Nous étant couchés**...

(8) ***'Devoir' and 'pouvoir'***

(A) *Devoir*

Present:	Il doit être là. (He must be there.) Il ne doit pas être là. (He can't be there.)
Perfect:	Cela a dû lui coûter un effort énorme. (. . . must have . . .) Elles ont dû partir de bonne heure. (. . . had to . . .)
Imperfect:	Ils devaient arriver à 5 heures. (. . . were to/were due to . . .)
Past historic:	Elle dut récrire les cinq premières pages. (. . . had to . . .)
Pluperfect:	Nous avions dû y renoncer. (We had had to . . .)
Future:	Il devra en définitive assurer la garantie. (. . . will have to . . .)
Conditional:	On devrait commencer tout de suite. (. . . should/ought to . . .)
Conditional perfect:	On aurait dû s'arrêter plus tôt. (. . . should have . . .)

NB Il **devait** être assez vieux.
(He **must have** been quite old.)
Ils **avaient dû** s'échapper avant midi.
(They **must have** escaped before midday.)
(*In these two cases the correct tense of 'devoir' can be ascertained by replacing the expression 'must have' with 'he was definitely...' or 'they had definitely...'*)

B) *Pouvoir*

Present:	Il peut avoir raison. (He may be right.) Il ne peut pas avoir raison. (He can't be right.)
Perfect:	Il a pu défoncer la porte. (He managed to . . .)
Imperfect:	Il ne pouvait jamais y résister. (. . . never could/was able to . . .)
Past historic:	Elles purent casser la serrure. (. . . managed to . . .)
Pluperfect:	Elle n'avait pas pu venir. (She hadn't been able to . . .)
Future:	Ils ne pourront pas paralyser le ‹Jour J›. (. . . won't be able to . . .)
Conditional:	Elle ne pourrait jamais être infirmée. (. . . could never . . .)
Conditional perfect:	Cela aurait pu arriver à n'importe qui. (. . . could have . . .)

VB Elle **pouvait** avoir soixante-dix ans.
(She **may have** been seventy.)
Elles **avaient pu** salir leurs chaussures en traversant le gazon.
(They **may have** got their shoes dirty as they were crossing the lawn.)

In these two cases the correct tense of 'pouvoir' can e ascertained by replacing the expression 'may ave' with 'she was probably...' or 'they had robably...')

9) ***The passive***

A) *Formation: Take the appropriate tense of the verb 'être' and add the past participle. The latter acts like an adjective and agrees with the subject.*

Present: Des bouchons sont prévus dans la région parisienne. (Traffic-jams are expected in the Paris region.)

Imperfect: Les vacanciers étaient toujours bien accueillis. (The holidaymakers were always given a warm welcome.)

Perfect: Des chênes y ont été plantés récemment. (Oak trees have been/were recently planted there.)

Past historic: La ferme fut construite au début du siècle. (The farm was built at the turn of the century.)

Pluperfect: Deux voitures avaient été incendiées avant la manifestation. (Two cars had been set on fire before the demonstration.)

Future: Le camping sera dirigé par le fermier. (The camp-site will be run by the farmer.)

Future perfect: D'ici une semaine les routes auront été débloquées. (A week from now the roads will have been cleared.)

Conditional: On avait prédit que le magnétoscope serait adopté par beaucoup d'écoles. (It had been forecast that the video-recorder would be bought by a large number of schools.)

Conditional perfect: Sans les secouristes, les voyageurs auraient été brûlés vifs. (If it hadn't been for the first-aiders, the passengers would have been burnt alive.)

(B) *Note the construction needed for verbs taking an indirect object:*

On dit aux campeurs de ne pas fumer.
(**Campers are told** not to smoke.)
On lui avait conseillé d'écouter ‹Bison Futé› à la radio.
(**He/She had been advised** to tune in to the traffic news on the radio.)

(C) *This construction can often be used as an alternative to the passive.*

La SNCF a été aménagée.
→ On a aménagé la SNCF.
Les nouveaux avions seront perfectionnés.
→ On perfectionnera les nouveaux avions.

(10) *'En' + present participle*

C'est **en repartant** que l'agresseur l'a tué.
(It was **as he was setting off again** that . . .)
En apprenant l'allemand il a pu changer de métier.
(**By learning** German . . .)
En négociant le virage elle avait vu les débris du mur.
(**Whilst taking** the bend . . .)
En entendant l'arrivée de ses amis il se mit à verser du vin.
(**On hearing** . . .)

Note the construction 'tout en + present participle' which emphasises two simultaneous actions:
Il a mangé ses frites **tout en regardant** la télé.
(. . . **watching** TV **at the same time.**)
Elle s'est séché les cheveux **tout en lisant** son magazine.
(. . . **reading** her magazine **at the same time.**)

(11) *Indirect statements*

	DIRECT		INDIRECT
(A)	PRESENT	→	IMPERFECT
(B)	PERFECT	→	PLUPERFECT
(C)	FUTURE	→	CONDITIONAL
(D)	FUTURE PERFECT	→	CONDITIONAL PERFECT

(A) « Le voyage **est** très facile,» a-t-elle dit.
→ Elle a dit que le voyage **était** très facile.

(B) « **J'ai planté** la bannière **hier**,» a dit l'astronaute.
→ L'astronaute a dit qu'**il avait planté** la bannière **la veille**.

(C) « **Nous ferons** beaucoup de publicité **demain**,» ont-ils dit.
→ Ils ont dit qu'**ils feraient** beaucoup de publicité **le lendemain**.

(D) « Avant samedi **tu auras visité** Strasbourg,» m'ont-elles dit.
→ Elles m'ont dit qu'avant samedi **j'aurais visité** Strasbourg.

(12) The subjunctive

(A) *The present subjunctive*
Remove the 'ent' ending of the third person plural of the present tense:
ils regard/ent ils finiss/ent ils entend/ent ils dorm/ent
Then add the following endings:

il faut que . . .	je finiss	***e***
il faut que . . .	tu finiss	***es***
il faut qu' . . .	il finiss	***e***
	elle finiss	***e***
il faut que . . .	nous finiss	***ions***
il faut que . . .	vous finiss	***iez***
il faut qu' . . .	ils finiss	***ent***
	elles finiss	***ent***

Irregular forms
avoir: aie, aies, ait, ayons, ayez, aient
être: sois, sois, soit, soyons, soyez, soient
faire: fasse, fasses, fasse, fassions, fassiez, fassent
pouvoir: puisse, puisses, puisse, puissions, puissiez, puissent
savoir: sache, saches, sache, sachions, sachiez, sachent

Verbs with a 'double root' (1st and 2nd persons plural identical to the imperfect)
aller: aille, ailles, aille, allions, alliez, aillent
appeler: appelle, appelles, appelle, appelions, appeliez, appellent
boire: boive, boives, boive, buvions, buviez, boivent
croire: croie, croies, croie, croyions, croyiez, croient
devoir: doive, doives, doive, devions, deviez, doivent
envoyer: envoie, envoies, envoie, envoyions, envoyiez, envoient
jeter: jette, jettes, jette, jetions, jetiez, jettent
prendre: prenne, prennes, prenne, prenions, preniez, prennent
recevoir: reçoive, reçoives, reçoive, recevions, receviez, reçoivent
tenir: tienne, tiennes, tienne, tenions, teniez, tiennent (+ **venir**)
valoir: vaille, vailles, vaille, valions, valiez, vaillent
voir: voie, voies, voie, voyions, voyiez, voient
vouloir: veuille, veuilles, veuille, voulions, vouliez, veuillent

(B) *The perfect subjunctive*
Take the present subjunctive of 'avoir' or 'être' and add the past participle.

Pourvu qu'il **ait compris** la question.
(Provided he's understood the question.)
A moins qu'elle ne **soit** déjà **arrivée**.
(Unless she's already arrived.)
Je ne crois pas qu'ils **se soient** encore **levés**.
(I don't think they're up yet.)

(C) *The imperfect subjunctive (written French only)*
Remove the 's' from the end of the second person singular of the past historic:

tu regarda/s tu fini/s tu reçu/s

Then add the following endings:

il faudrait que . . .	je reçu	***sse***
il faudrait que . . .	tu reçu	***sses***
il faudrait qu' . . .	il reç**û**	***t***
	elle reç**û**	***t***
il faudrait que . . .	nous reçu	***ssions***
il faudrait que . . .	vous reçu	***ssiez***
il faudrait qu' . . .	ils reçu	***ssent***
	elles reçu	***ssent***

NB Most imperfect subjunctive forms are obsolete, except for the third person singular, which is quite often found in modern written French. As a rule, the imperfect subjunctive should be used after a main verb in the past historic, imperfect or conditional, but nowadays the French tend to use the present subjunctive in these cases.

(D) *The pluperfect subjunctive (written French only)*
Take the imperfect subjunctive of 'avoir' or 'être' and add the past participle.

quoiqu'elle **fût** déjà **partie**
(although she'd already gone)
avant qu'il **eût sonné** à la porte
(before he'd rung the doorbell)
bien qu'ils **se fussent dépêchés**
(even though they'd hurried)

(13) *Uses of the subjunctive*

(A) *It can express an order or a desire.*

Que je vous dise franchement mon opinion.
(Let me give you my honest opinion.)
Que vos maris gardent les enfants eux-mêmes!
(Let your husbands look after the children themselves!)
«Notre Père qui es aux cieux!
Que ton nom soit sanctifié; que ton règne vienne; que ta volonté soit faite sur la terre comme au ciel.»

(B) *It is used after certain verbs expressing desire, surprise, regret and other emotional reactions.*

vouloir que . . .	(to want . . .)
souhaiter que . . .	(to wish . . .)
préférer que . . .	(to prefer . . .)
aimer mieux que . . .	(to prefer . . .)
regretter que . . .	(to regret/be sorry that . . .)
être triste que . . .	(to be sad that . . .)
s'étonner que . . .	(to be surprised that . . .)
être content que . . .	(to be pleased that . . .)
comprendre que . . .	(to (well) understand that . . .)

(+*negative forms too*)

Examples:

Je veux que tu nous rassures.
(I want you to reassure us.)
Il regrette qu'il n'y ait plus de nouveauté dans le mariage.
(He's sorry that there's nothing new in their marriage anymore.)
* Je suis contente que vous n'ayez pas peur.
(I'm glad that you're not afraid.)

* *NB* **BUT**: Je suis contente **de ne pas avoir peur**.
(I'm glad I'm not afraid.)
In the above example both verbs are governed by the same subject, so the subjunctive is not needed.

(C) *Note the following constructions which also require 'ne':*

J'ai peur que/Je crains que l'homme de la rue **ne** nous voie comme des imbéciles.
(I'm afraid that the man in the street sees/may see us as idiots.)
A moins que tu **ne** les prennes au sérieux.
(Unless you take them seriously.)

(D) *It is used after certain verbs and constructions conveying request, order or prohibition.*

demander que . . .	(to ask . . .)
exiger que . . .	(to demand/insist . . .)
il faut que . . .	(it is necessary that . . .)
il est nécessaire que . . .	(it is necessary that . . .)
empêcher que . . . (ne)	(to prevent/stop . . .)
sans que . . .	(without . . .)

Examples:

Elle demande que nous autres lecteurs réagissions.
(She's asking us, the readers, to react.)
Nous exigeons que les enfants soient plus préoccupés d'eux-mêmes que de leur mère.
(We insist that children should be more concerned about themselves than about their mothers.)
Il faut qu'elle bâtisse une autre vie.
(She's got to build a new life.)
* Le MLF est en train de vaincre sans qu'on s'en soit aperçu.
(The MLF is winning without anyone having realised.)

* (*NB* **BUT:** Le MLF est en train de vaincre **sans s'en apercevoir,**
The MLF is winning without realising it.)

(E) *It is used after certain time conjunctions and constructions.*

avant que . . . (ne)	(before . . .)
jusqu'à ce que . . .	(until . . .)
il est temps que . . .	(it is (high) time that . . .)
attendre que . . .	(to wait until . . .)

Examples:

Avant que je (ne) me soumette aux ordres du comité central . . .
(Before I follow the central committee's instructions . . .)
jusqu'à ce qu'elle mourût en l'an 61 après J.-C.
(until she died in A.D. 61)
Il est temps que la société française boive la coupe jusqu'à la lie.
(It's high time that French society saw this through to the bitter end.)

(F) *It is used after conjunctions expressing concession, condition or purpose.*

bien que . . .	(although/even though . . .)
quoique . . .	(although/even though . . .)
pourvu que . . .	(provided that . . .)
à condition que . . .	(on the condition that . . .)
sous réserve que . . .	(with the proviso that . . .)
pour que . . .	(so that . . .)
afin que . . .	(so that . . .)

Examples:

Bien que vous ayez dû faire face à des inimitiés multiples . . .
(Even though you've had to face up to a great deal of hostility . . .)
pourvu que le mouvement féministe ne meure pas
(provided that the feminist movement doesn't die out)
pour qu'elle fût reine sans contestation
(so that she might be queen without opposition)

(G) *It is used after constructions conveying doubt, possibility or denial.*

douter que . . .	(to doubt that . . .)
il semble que . . .	(it seems that . . .)
il est possible que . . .	(it is possible that . . .)
il se peut que . . .	(it may be that . . .)
il est impossible que . . .	(it is impossible that . . .)
non que . . .	(not that . . .)

(*NB* **BUT:** il **me** semble que (etc) + INDICATIVE
il est **probable** que + INDICATIVE)

Examples:

Je doute que tu veuilles vraiment reconnaître l'égalité des deux sexes.
(I doubt whether you're really willing to acknowledge sexual equality.)
Il semble que vous hésitiez.
(You seem to be hesitating.)
Il est possible que nous devions le considérer comme le personnage le plus attachant du roman.
(Perhaps we are meant to think of him as the most sympathetic character in the novel.)
Non que tu fasses mal ton travail . . .
(Not that you do your job badly . . .)

(H) *It is used after 'dire', 'penser' and 'croire' in the negative or interrogative, referring to past or present time.*
Je ne dis pas qu'il soit incapable de le faire.
(I'm not saying that . . .)
Tu penses qu'elle soit déjà sortie?
(Do you think that . . .?)

(I) *It is used in a clause governed by a superlative.*
C'est la femme la plus indépendante que j'aie jamais connue.
(She's the most independent woman I've ever known.)
C'est le seul qui sache ce qu'il faut chercher dans la vie.
(He's the only one who knows what to look for in life.)

(J) *It is used in a relative clause governed by an indefinite or negative antecedent.*
Il n'y a rien que vous puissiez répondre à cela.
(There's nothing you can say to that.)
Je cherche un homme qui n'ait pas peur du danger.
(I'm looking for a man who's not afraid of danger.)

(14) *Negatives and their positioning*

ne . . . pas: Elle n'est pas revenue à l'heure prévue. (She didn't come back . . .)
Ils n'ont pas voulu se plaindre. (They didn't want to . . .)
Nous lui avons conseillé de ne pas écrire. (. . . not to write.)

ne . . . plus: Je n'ai plus d'idée. (I haven't a clue now.)
Elle n'a plus dansé. (She didn't dance any more.)
Il nous a dit de ne plus lui désobéir. (. . . not to disobey him any more.)

ne . . . rien: Je ne veux rien faire. (I don't want to do anything.)
Il n'a rien vu. (He didn't see a thing.)
Rien ne me fait rire à présent. (Nothing makes me laugh . . .)
Il s'en alla sans rien dire. (. . . without saying a thing.)

ne . . . jamais: Jusqu'ici je n'ai jamais patiné. (. . . never skated before now.)
Elle n'a jamais voulu sortir. (. . . never wanted to go out.)

ne . . . personne: Il ne voit personne. (. . . sees no one.) / il n'a vu personne. (. . . saw no one.)
Nous avons sonné, mais personne n'a répondu. (. . . no one answered.)
Il vaudrait mieux ne consulter personne. (. . . not to consult anyone.)

ne . . . aucun(e): Ils n'ont reçu aucune dépêche. (. . . not a single dispatch.)
Aucun prêtre n'a pu le consoler. (Not a single priest . . .)
Il s'est faufilé dans la salle sans aucun bruit. (. . . without a single sound.)

aucunement: Leurs animaux ne sont aucunement sauvages. (. . . not in the least . . .)

nullement: Je ne suis nullement convaincu. (. . . in no way convinced.)

ne . . . que: Elle ne veut que se reposer tranquillement. (She only wants to . . .)
Vous n'aurez qu'à me le dire. (You need only tell me.)
Ils n'ont échangé que quelques banalités. (. . . only exchanged . . .)

ni . . . ni (ne): Elle ne mange ni viande ni poisson. (. . . neither meat nor fish.)
Ni le cinéma ni le théâtre **ne** cherchent à dénigrer la télé. (Neither the cinema nor . . .)

ne . . . guère: Tu n'es guère capable de le faire. (. . . hardly capable of . . .)
A son avis, il n'y a guère **de** discipline dans la famille typique. (. . . hardly any discipline . . .)

Note the following double negatives:
Il n'a jamais douté de personne.
Je ne veux plus rien entendre.
Il ne leur en reste plus que dix. (They've only got ten of them left now.)

(15) *Word order*

(A) *Inversion after direct speech*
— Toutefois, a-t-il précisé, je n'envisage pas d'affrontement.
— Ce qui est inquiétant, dit-il, c'est le nombre croissant de féministes.

(B) *Inversion in direct questions*
Espère-t-il vraiment prouver son innocence? (Est-ce qu'il espère . . .)
Note word order if the subject is a noun:
La police va-t-elle se saisir de l'affaire?
M. Lebesque apprécie-t-il vraiment les conséquences de ses paroles?

(C) *Inversion after certain interrogatives*
Quand va-t-on commencer les travaux?
Pourquoi est-il si entêté?
Comment pourrait-elle vous convaincre?
A quelle heure les campeurs sont-ils arrivés à la ferme?

(D) *Note word order after the following:*
Peut-être va-t-elle changer d'avis. (**OR:** Peut-être qu'elle va changer d'avis.)
Sans doute le juge d'instruction sera-t-il satisfait de cette déposition.
En vain avaient-ils essayé de sauver quelques vies humaines.
Aussi faut-il mieux préparer les documents. (Therefore . . .)
NB **Toujours est-il que** . . . (The fact remains that . . .)

(B) THE ARTICLE AND THE NOUN

(16) *The indefinite and definite articles*

(A) *The indefinite article is omitted in the case of a nationality, a profession or a religion.*
Son filleul est Allemand. / Sa cousine est Australienne.
Mon père est technicien. / Notre fils est bibliothécaire.
Ma femme est juive. / Mes collègues sont catholiques.
BUT: C'est un technicien. / C'est une Australienne. (etc)

The same applies to the verbs: devenir, élire, nommer, appeler, traiter de, qualifier de.
Il est devenu sous-officier. / On l'a élu porte-parole. / Il m'a traité de chauffard. / Ils ont qualifié l'attentat de ‹massacre›.

(B) *The indefinite article is often omitted before a noun in apposition.*
L'Italie, équipe gagnante du Mundial de 1982, . . .
Fabrice Montard, ancien professeur d'anglais, . . .

(C) *The definite article is used to indicate parts of the body in certain expressions.*
Il ferma les yeux et se boucha les oreilles.
Il est boueux jusqu'aux chevilles.
Le kidnappé avait les mains attachées par un fil de fer.

Note the following descriptive phrases:
le matelot aux bras tatoués
(the sailor with the tattooed arms)
Elle lut les gros titres, le sourire aux lèvres.
(. . . a smile on her lips)
la maison délabrée aux ardoises pourries
(the dilapidated house with the rotten slates)

(D) *Geographical names: definite article or not?*
1 *Feminine countries* (ending in 'e')
Je vais partir en Grèce. / Je vais rester en Angleterre.
Il est déjà revenu de Belgique. / Cela vient d'Allemagne.

2 *Masculine countries* (definite article used)
Elles émigrent au Canada. / Ils voyagent aux Etats-Unis.
Elle va bientôt revenir du Danemark. / Elles sont arrivées du Japon.
Exception: **le** Mexique: il va au Mexique etc)

3 *Note the following:*

en Iran **d'**Iran
en Israël **d'**Israël
en Afghanistan **d'**Afghanistan

Masculine countries beginning with a vowel follow the feminine rule.

(17) *The different uses of 'de'*

(A) *It is used after a negative construction expressing a lack or absence of something.*
Nous n'avons plus de vin rouge.
Il n'y a pas de citadelle imprenable.
BUT: Ce ne sont pas **des** Bulgares. (**No idea of lack or absence contained in this phrase.**)

(B) *It is used in front of a plural noun preceded by an adjective.*
L'océan engloutit **de** nombreuses victimes.
BUT: Les voiliers furent écrasés par **des** blocs de rocher énormes.
Note the following fixed constructions:
des jeunes gens / des petits pois / des petits enfants

(C) *Important constructions*
Quelqu'un d'intéressant. / Quelque chose d'original.
Rien d'important. / Rien d'évident.
Quoi de neuf? / Personne d'ordinaire.

(D) *'De' is used in expressions of quantity.*
Il entendait **beaucoup de** voix au lointain.
Elle avait **peu de** chance.
Elles ont **tant d'**amis qu'elles ne sont jamais seules.
Ils ont **autant de** problèmes que nous.
Tu as **trop d'**intelligence pour te rendre à ses raisons.
Nous avions **assez de** force pour nous traîner jusqu'aux portes.
BUT: C'est avec **bien de la** difficulté qu'on a déchiffré le code.
Après **bien des** disputes, ils se sont réconciliés.

(E) *Note that these constructions taking 'de' require a plural verb:*
Selon les statistiques, **la plupart des** adolescents quittent la maison parentale avant l'âge de vingt ans.
Un grand nombre de voyous ont complètement vandalisé le nouveau centre commercial.

(18) *Special nouns*

(A) *Nouns which can only be feminine*
la sentinelle (sentry) / la victime (victim) / la recrue (recruit) / la connaissance (acquaintance) / la personne (person) / la vedette (star)

(B) *Nouns which only exist in the plural*
les fiançailles(*f*) (engagement) / les frais(*m*) (expenses) / les funérailles(*f*) (funeral) / les moeurs(*f*) (customs) / les préliminaires(*m*) (preliminaries) / les ténèbres(*f*) (darkness)
NB **les gens:** les gens érudits (adjective follows)
les **vieilles** gens (adjective precedes)
BUT: tous les gens

(19) *Titles and surnames*

Le président Pompidou mourut en 1974.
La Reine d'Angleterre va passer les fêtes de l'An Neuf à Windsor.
Elle est allée voir si les Lefèvre étaient rentrés. (*Surname does not pluralise.*)

(20) *Compound nouns*

(A) *Verb-noun compounds* (invariable)
le porte-bonheur / les porte-bonheur
l'ouvre-boîtes / les ouvre-boîtes

(B) *Prefix-noun compounds* (noun pluralises)
le vice-président / les vice-présidents

(C) *Adjective-noun compounds* (both pluralise)
la basse-cour / les basses-cours

(D) *Noun-preposition-noun compounds* (first noun pluralises)

l'arc-en-ciel / les arcs-en-ciel

(21) ***Note the following***

Les Italiens parlent italien.
Le peuple japonais parle japonais.
The language takes a small letter in the same way as the adjective form.

(C) THE ADJECTIVE

(22) ***A table showing the masculine and feminine forms of certain adjectives***

Masculine Ending	*Feminine Ending*	*Examples*	*Exceptions and Differences*
-ain	-aine	certain, certaine	
-al	-ale	normal, normale	
-an	-ane	persan, persane	
-c	-que	public, publique	grec – grecque
	-che	blanc, blanche	sec – sèche
-eil	-eille	pareil, pareille	
-ein	-eine	serein, sereine	
-el	-elle	universel, universelle	
-er	-ère	amer, amère	
-et	-ette	muet, muette	
	-ète	complet, complète	
-eur	-euse	trompeur trompeuse	pécheur – pécheresse
	-eure	majeur, majeure	vengeur – vengeresse
-eux	-euse	heureux, heureuse	
-f	-ve	veuf, veuve	bref – brève
-g	-gue	long, longue	
-ien	-ienne	italien, italienne	
-ier	-ière	guerrier, guerrière	
-il	-ile	civil, civile	gentil – gentille
-in	-ine	féminin, féminine	bénin – bénigne malin – maligne
-on	-onne	bon, bonne	
-ot	-ote	idiot, idiote	sot – sotte
-oux	-ouse	jaloux, jalouse	roux – rousse doux – douce
-s	-se	gris, grise	frais – fraîche
	-sse	bas, basse	tiers – tierce
-teur	-trice	destructeur, destructrice	enchanteur – enchanteresse
	-teuse	flatteur, flatteuse	

(23) ***Special adjectives preceding the noun***

English	*Masculine Noun (Consonant)*	*Masculine Noun (Vowel/ silent 'H')*	*Feminine Noun*	*Plural Noun*
this/that	ce	cet	cette	ces
new	nouveau	nouvel	nouvelle	nouveaux
old	vieux	vieil	vieille	vieux/vieil
beautiful / fine	beau	bel	belle	beaux/bel
mad	fou	fol	folle	fous/folles
soft	mou	mol	molle	mous/mol

(24) ***The adjective acting as a noun***

Ils devraient tout d'abord subvenir aux besoins **de** **pauvres** et **des malheureux.** Ce sont, pour ainsi dire **les défavorisés** de notre société.
The adjective is often used on its own to replace noun which has already been mentioned:
Le bateau français a mieux résisté **au britannique.**
Tu aimes cette moquette?
— Oui, mais je préfère **la brune**.

(25) ***The adjective preceded by the adverbial 'tou*** ***(quite/altogether)***

Note the rules concerning agreements:

	Masculine Adjective	*Feminine Adjective (Consonant)*	*Feminine Adjective (Vowel)*
Singular	tout mignon	toute mignonne	tout ahurie
Plural	tout mignons	toutes mignonnes	tout ahuries

Examples:
Le bébé était tout petit.
Elles étaient toutes désemparées.
La jeune fille était tout étonnée.

(26) ***The comparative and the superlative***

(A) *The comparative*
Les prix sont toujours **plus élevés** chez lui.
Elle s'est mariée avec un homme qui est **plus âg** **qu**'elle de dix ans.

(B) *The superlative*
La plus jolie chaumière du village.
(Adjective precedes noun.)

L'étape **la plus périlleuse** de la descente.
(Adjective follows noun.)

NB un élève des plus doués
(a most gifted pupil)
une femme des plus ravissantes
(a most delightful woman)

Certain adjectives have irregular comparative and superlative forms:
bon → meilleur → le meilleur/la meilleure/les meilleur(e)s
mauvais → pire → le pire/la pire/les pires

Examples:
On va retransmettre les meilleurs moments de la série.
La varicelle et la rougeole sont mauvaises mais la variole est pire.
BUT: la plus mauvaise chambre de la maison / **le plus mauvais** restaurant de la ville
(*In the latter examples the description is physical rather than a value judgement.*)

(27) ***Comparison, equality and inequality***

(A) un portrait **aussi** réaliste **que** possible
(as realistic a portrait as possible)
Son image de marque n'est pas **si** mauvaise **que** cela.
(His public image isn't as bad as that.)
simple **comme** bonjour
(as easy as pie)
myope **comme** une taupe
(as blind as a bat)
(aussi . . . que = **a positive comparison** / si . . . que = **a negative comparison** / comme = **a proverbial comparison)**

(B) La crise devient **de plus en plus** inquiétante.
(. . . more and more unnerving.)
Je suis **de moins en moins** optimiste.
(. . . less and less optimistic.)

(C) *Plus / moins de; plus / moins que*
Le voyage a duré plus/moins **de** six heures. **(quantity)**
La guerre dans ce film est plus / moins **qu**'une toile de fond. **(comparison)**

(D) *‹Davantage›*
Used on its own and often at the end of a sentence.
Elle est désinvolte, mais il l'est **davantage.**
(. . . he is more so.)

(E) *Note the following constructions:*
Ils ne luttent pas moins que nous **n**'avons lutté.
(They are not fighting any less than we fought.)
Elle est moins timide qu'elle **ne l**'était auparavant.
(. . . less shy than she was.)
La maison est plus près du village que je **ne le** croyais.
(. . . nearer than I thought.)

(28) ***Agreement of adjectives in certain constructions***

(A) On lutte pour le phoque et le léopard souffrants.
La manifestation et le défilé récents. **(mixed gender)**

(B) Il portait une cravate **bleu clair. (qualified colour)**

(D) THE PRONOUN

(29) ***Personal pronouns***

(A) *Order of object pronouns*

1	2	3	(+ 4	5)
me	le	lui	y	en
te	la	leur		
(se)	les			
nous				
vous				
(se)				

Column 1: direct or indirect objects
Column 2: direct objects only
Column 3: indirect objects only
(Columns 4+5: indirect objects)

Examples:
Il a tenu toutes ses promesses? — Oui, il **les** a **tenues.**
Ils vous ont dit la vérité? — Oui, ils nous **l'**ont dit**e.**
Vous avez donné les résultats aux adjoints du maire? — Oui, nous **les** leur avons donné**s.**

Tu vas rendre la montre volée au propriétaire? — Oui, je vais **la lui** rendre.

NB Only the preceding direct objects agree with the past participle in the compound tenses of verbs that take 'avoir'.

(B) *Pronouns with the imperative*

1 *Affirmative*

Pronouns as for direct / indirect objects above except: me → moi / te → toi. They follow the verb, linked by hyphens, and direct object always precedes indirect object.

Examples:

Regardez-moi!
Assieds-toi!
Rendez-la-moi!
Donne-le-leur!
BUT: Donnez-**m**'en!

2 *Negative*

Pronouns precede the verb as in table 29(A).

Examples:

Ne me la prenez pas!
Ne le leur donne pas!
Ne me regardez pas!

(30) *The different uses of 'le'*

(A) *It replaces an adjective.*

Si le procès télévisé est fictif, aucun de ses éléments ne l'est.

(B) *It can convey the idea of 'so' in English.*

Il vous l'a dit cent fois déjà.
(He's told you so 100 times before.)
Oui, je le crois.
(Yes, I think so.)
Du moins, je l'espère.
(At least, I hope so.)

(C) *It stresses an idea in a subordinate clause.*

Comme vous le savez, les délégués syndicaux ne sont pas venus. (As you know . . .)

BUT: Je trouve bon de souligner.
(I consider it good to . . .)
Elle jugea prudent de s'absenter.
(She thought it wise to . . .)

(31) *'Y' and 'en'*

(A) *‹Y›*

Tu vas à l'hôpital? — Oui, j'y vais. **(there)**
Elle s'intéresse à la sculpture, n'est-ce pas? — Oui, elle s'y intéresse. **(replaces 'à' + object)**
Il a réussi à décommander la grève? — Oui, il y a réussi. **(replaces 'à' + infinitive)**

(B) *‹En›*

Tu as du tabac/des carottes? — Oui, j'en ai. **(some)**
Est-il sorti de la banque? — Oui, il en est sorti. **(of it)**
Tu veux te servir des ciseaux? — Oui, je veux m'en servir. **(replaces 'de' + object)**
Je n'ai pas le droit de voter? — Si, tu en as le droit. **(replaces 'de' + infinitive)**
C'est un nouveau magnétoscope? — Oui, et les vidéocassettes en sont bonnes. **(its)**

NB Ce sont des dispositifs explosifs comme on **en** trouve partout en Irlande du Nord en ce moment.

(32) *Disjunctive (strong) pronouns*

moi	nous
toi	vous
(soi)	
lui	eux
elle	elles

(A) *Used after a preposition*

Quant à moi, je m'en lave les mains.
Il vit l'épave du navire devant lui.
Il s'assit près d'elle.

NB

Certains / Plusieurs / Beaucoup	d'entre eux	ont dit que . . .
Certaines / Plusieurs / Beaucoup	d'entre elles	

L'un d'eux/l'une d'elles a déclaré que . . .

(B) *Used in exclamation*

Moi, changer d'opinion!
Lui, représenter les grévistes!

(C) *Used for emphasis*
Lui, il n'en sait rien.
Toi, tu ferais mieux d'attendre.

(D) *Used to add a pronoun to another subject*
Leur mère et eux, ils se sont dirigés vers le moulin.

(E) *Used with reflexive verbs accompanied by 'à' or 'de'*
C'est à eux qu'elle s'adresse maintenant.
Il veut se moquer de moi?
NB C'est moi qui **suis** le propriétaire. C'est vous qui **avez** la clef.

(33) ***Possessive pronouns***

	Masculine Singular	*Feminine Singular*	*Masculine Plural*	*Feminine Plural*
mine	le mien	la mienne	les miens	les miennes
yours	le tien	la tienne	les tiens	les tiennes
his/hers	le sien	la sienne	les siens	les siennes
ours	le nôtre	la nôtre	les nôtres	les nôtres
yours	le vôtre	la vôtre	les vôtres	les vôtres
theirs	le leur	la leur	les leurs	les leurs

Examples:
Mon bulletin n'était pas très satisfaisant. — Le mien non plus.
Vous voulez vous servir de mes outils? — Non, nous allons apporter les nôtres.

(34) ***Relative pronouns***

(A) *‹Qui›*
C'est le curé **qui** a marié mes parents et mes grands-parents. **(subject)**
C'est l'homme mystérieux **à qui** j'ai refusé de décliner mon nom. **(indirect object)**
C'est la jeune fille **avec qui** je suis sorti il y a quelques mois. **(indirect object)**

(B) *‹Que›*
Les cadeaux **que** j'ai enveloppés tout à l'heure ont disparu. **(direct object)**
Il parle avec la femme **qu**'on a vue hier. **(direct object)**
NB Un jour **que** je me promenais dans le parc . . .
(One day **as** I was walking . . .)
Le jour **où** il fut assassiné . . .

(C) *‹Quoi›*
A neutral relative pronoun referring back to 'quelque chose', 'rien', 'ce' or an entire clause.
Ce à quoi je réfléchis tout le temps . . .
Il verrouilla la porte, après quoi il monta se coucher.

(D) *‹Dont›*
Il en est ainsi pour tous les employés **dont** le contrat n'a pas été renouvelé. **('whose': refers to a noun)**
La femme **dont** il est amoureux. **(refers to an adjective)**
C'est le seul stade **dont** ce morceau de Paris dispose. **(refers to a verb)**
Nous avons vingt brigadiers **dont** quatorze sont réellement en service. **(refers to a quantity)**

(35) ***‹Ce qui / ce que / ce dont›***
These refer to a clause or an idea.
Ils ont aluni sans aucun problème, ce qui a beaucoup plu à la NASA.
Ce qui m'inquiète, c'est de voir sortir mes enfants tous les soirs.
C'est ce que l'on essaiera de faire pour protéger les bébés phoques, n'est-ce pas?
Je ne sais pas ce dont il a besoin.
Ce dont il parle ne me plaît pas toujours.

(36) ***‹Lequel / laquelle›***

(A) *Table of different forms*

Masculine		*Feminine*	
Singular	*Plural*	*Singular*	*Plural*
lequel	lesquels	laquelle	lesquelles
auquel	auxquels	à laquelle	auxquelles
duquel	desquels	de laquelle	desquelles

Examples:
Le procès a duré 14 mois pendant lesquels l'accusé est demeuré en prison.
C'est une question à laquelle elle est très sensible.
(*‹Lequel / laquelle› refer back to an object and always follow a preposition.*)

(B) *They can also refer to people after 'parmi'.*
Les gens parmi lesquels je préfère vivre.

(C) *They can be used as interrogative pronouns.*
Je voudrais bien posséder cette maison. — Laquelle?
Tu vois les enfants dans la cour? — Lesquels?

(37) *Demonstrative pronouns*

(A) *'Ce' or 'il'?*

1 C'est lui. / C'est nous. / Ce sont eux. **(precedes a pronoun)**
C'est un timbre rare. / C'est un serpent venimeux. **(precedes a noun)**
Il est charmant. / Il est dans le jardin. **(precedes an adjective or adverb complement)**
NB **Il** est deux heures. **(hours of the day)**

2 C'est difficile à faire. **(referring to previous idea/clause)**
Il est facile d'éplucher ces pommes de terre. **(refers forward to an idea/clause)**
Il est impossible de dire s'il a raison ou non. **(referring forward as above)**
Il est important de se rendre compte que tout automobiliste peut se tromper. **(refers forward)**

(B) *Celui / celle (etc)*

	Simple Forms *Masculine*		*Feminine*		*Compound Forms* *Masculine*	*Feminine*
Singular	celui	de qui	celle	de qui	celui-ci celui-là	celle-ci celle-là
Plural	ceux	de qui	celles	de qui	ceux-ci ceux-là	celles-ci celles-là

1 *‹Celui de›* (*etc*)
Ses prix sont supérieurs à **ceux de** son voisin.
(. . . his neighbour's . . .)
Je préfère cette architecture à **celle de** ma ville natale.

2 *‹Celui qui / celui que›* (*etc*)
C'était un orage terrible, semblable à **celui qui** a ravagé la côte américaine.
(. . . similar to the one that . . .)
Ces diapos sont différentes de **celles que** j'ai vues avant-hier.

3 *‹Celui-ci / celui-là›* (*etc*)
Dans cette production le décor nuit à l'intrigue, et **celle-ci** devient très confuse.
(. . . and the latter . . .)
Ce magasin est à vendre, mais **celui-là** est à louer.
(. . . but that one . . .)

(38) *Adjective or pronoun?*

(A) *‹Autre›*
Les gaz toxiques avaient déjà tué les **autres** passagers. **(adjective)**
Nous **autres** Français ne voyons pas tout en noir. **(adjective)** (We French . . .)
Les enfants se taquinaient les uns les **autres.** **(pronoun)**
Elles se moquaient les unes des **autres.** **(pronoun)**

(B) *‹Tel›*
Un **tel** emplacement est exactement ce qu'il nous faut. **(adjective)**
Tel est l'enjeu. **(pronoun)**
NB M. un tel (Mr So-and-so)

(C) *‹Tout›*

1 *Adjective*
Tout le monde est heureux.
On a travaillé **toute** la matinée.
Tous les hommes sont égaux.
Toutes les cigarettes doivent être éteintes.

2 *Pronoun*
Je crois qu'elle a **tout** compris. (everything)
Ils sont **tous** venus. (all/everyone)

(D) *‹Chaque / chacun›*
Chaque joueur de l'équipe s'entraîne régulièrement. **(adjective)**
Chacun à son goût. / **Chacune** des pièces a le chauffage central. **(pronoun)**

(E) *‹Quelque(s) / quelques-un(e)s›*
Il y est resté **quelque** temps. / J'ai vu **quelques** journalistes. **(adjective)**
Quelques-uns de mes amis. / **Quelques-unes** de ces régions. **(pronoun)**

(39) *‹N'importe . . . / quelconque, quiconque›*

(A) **N'importe qui** vous le montrera.
(Anyone will show it to you.)

Elle a passé la soirée à raconter **n'importe quoi.**
(. . . any (old) thing.)
Je peux emménager **n'importe où?**
(I can (just) move in anywhere?)
N'importe quel grossiste les achètera à ce prix.
(Any wholesaler . . .)
Quelles cartes de crédit acceptez-vous?
— **N'importe laquelle.**
(Any one.)
A quelle heure devrais-je arriver?
— **N'importe quand.**
(Any time.)

(B) Un étudiant **quelconque** nous a écrit.
(Some student or other wrote to us.)
Il ne veut embaucher **quiconque.**
(He doesn't want to take on any Tom, Dick or Harry.)

(E) THE ADVERB

(40) *The formation of adverbs*

As a rule you simply add '-ment' to the feminine form of the adjective.
heureux → heureusement / doux → doucement / rapide → rapidement

Some important exceptions:

Adjective Ending	*Example*	*Adverb*	*Exceptions*
ai	vrai	vraiment	gaiement gaîment
é	séparé	séparément	
i	poli	poliment	
u	absolu	absolument	dûment assidûment
ant	courant	couramment	
ent	évident	évidemment	

(41) *Position of adverbs*

(A) *There are no absolute rules, but the adverb usually goes after the verb.*
Il lisait **distraitement** son journal.

(B) *The adverb can go before the subject to begin the sentence.*
Assurément son mari a dit la vérité.

(C) *More often than not it can go before the present infinitive, the past participle and the qualifying adjective.*
Ils vont **essentiellement** aborder des problèmes financiers.
L'âge de la criminalité s'est **terriblement** abaissée.
Il est **bien** gentil.
Ils ont **mal** réagi.

(42) *The use of certain adverbs, adverbial expressions (etc)*

(A) ‹*Au moins* / *du moins*› (at least)
Le capitaine a perdu **au moins** la moitié de son équipage pendant la tempête. **(quantity)**
Le Conseil Oecuménique est, ou **du moins** s'efforce d'être, juste envers tous les secteurs de l'église chrétienne.
(. . . at any rate . . .)

(B) ‹*Avant* / *auparavant*› (before)
Avant il était plus malléable.
Son engagement politique était moins extrême **auparavant. (more literary)**

(C) ‹*Comme*›
Comme il refuse de se rendre à nos raisons, nous devons partir.
(. . . as / since . . .)
Il a fait cela **comme pour** prouver son innocence.
(. . . as if to . . .)
Tout s'est déroulé **comme par** magie.
(. . . as if by . . .)

(D) ‹*Dessous* / *dessus*›
Là-dessus, il s'enfuit.
(Thereupon . . .)
Regardez **ci-dessous** / **ci-dessus.**
(. . . below / above.)
L'accident mit la salle de classe **sens dessus dessous.**
(. . . turned . . . upside down.)
Ils se dirigeaient vers la gare **bras dessus bras dessous.**
(. . . arm-in-arm.)

(E) ‹*Jusque*›
Il faut aller **jusqu'à** la basse-cour.
(. . . up to / as far as . . .)
Jusqu'ici on a pu se reposer un peu.
(Up until now. . .)
Jusqu'alors / **jusque-là** il n'y avait pas pensé.
(Up until then . . .)

(F) ‹*Même*›
Lisez la lettre **vous-même.**
(. . . yourself.)
Il me téléphone **même** à cette heure de la nuit.
(. . . even . . .)
le jour **même** de son arrivée
(the very day . . .)
C'est la **même** chambre que l'année dernière.
(. . . the same room . . .)

(G) ‹*Tantôt . . . tantôt*›
Il sort **tantôt** avec sa famille **tantôt** avec ses amis.
(. . . sometimes . . . sometimes . . .)

(H) ‹*Tard / en retard*›
Il est trop **tard** pour lire.
(It is too late to read.)
La voici **en retard** comme toujours.
(Here she is, late again.)

(F) THE PREPOSITION

(43) ***Use of certain prepositions***

(A) ‹*À*›
une tasse à café
(a coffee cup)
à mon avis
(in my opinion)
à mon arrivée
(on my arrival)
au secours! au voleur! au feu!
(help! stop thief! fire!)
à la lumière de
(in the light of)
à en croire cet homme
(if we are to believe this man)
à ce qu'il dit
(according to him)

(B) ‹*De*›
une tasse de café
(a cup of coffee)
le train de midi / de Paris
(the midday / Paris train)
de nos jours
(nowadays)
d'une voix douce
(in a soft voice)
du côté du marécage
(in the direction of the marshland)
de cette façon / manière
(in this / that way)
jamais de ma vie!
(never in my life!)

(C) ‹*En*›
en raison de
(due to)
en l'an 2000
(in the year 2000)
en l'honneur de
(in honour of)
en l'absence de
(in the absence of)
je lui parlerai en frère
(I'll talk to him as a brother)

(D) ‹*Depuis / pendant / pour*›
Il criait depuis des heures entières.
(He had been shouting for hours on end.) **(progressive time)**
Il a fait sentinelle pendant toute la nuit.
(He kept watch for the whole night.) **(past definite time)**
Je vais rester en Bretagne pour une quinzaine.
(I'm going to stay in Brittany for a fortnight.) **(future / hypothetical time)**

(E) ‹*Par*›
par nécessité
(out of necessity)
par conséquent
(consequently) (*en conséquence* too)
par un temps pluvieux
(in rainy weather)
par ici / là
(this way / that way)
par un paradoxe
(paradoxically)

(F) ‹*Sous*›
sous le règne de Louis XVI
(in the reign of Louis XVI)
sous couleur de
(under the pretence of)
sortir sous la pluie / la neige
(to go out in the rain / snow)
sous la menace de
(under the threat of)

(G) ‹*Sur*›
sur un signe de
(at a sign from)
Je le jure sur ma tête.
(I swear it on my honour. *lit.* head)
cinq sur dix
(five out of ten)

(G) NUMBERS AND QUANTITY

(44) ***Numbers to note***

80 quatre-vingts	1 000 mille
81 quatre-vingt-un	10 000 dix mille
99 quatre-vingt-dix-neuf	1 000 000 un million (de)
100 cent	
101 cent un	
200 deux cents	
220 deux cent vingt	

NB 1870 = **mil** huit cent soixante-dix **(This form exists only in dates.)**

(45) ***Approximations and fractions***

(A) une dizaine d'élèves
(about ten pupils)
une douzaine d'oeufs
(a dozen eggs)
une vingtaine de livres
(about twenty books)
une cinquantaine de manifestants
(about fifty demonstrators)
une centaine de chars
(about a hundred tanks)
un millier de fantassins
(about a thousand infantrymen)

NB des centaines de . . .
(hundreds of . . .)
des milliers de . . .
(thousands of . . .)

(B) la moitié du peloton
(half the platoon)
un tiers de ses voteurs
(a third of his / her voters)
les deux tiers du monde
(two-thirds of the world)
un quart de siècle
(a quarter of a century)
(un cinquième, un sixième, etc – deux cinquièmes, cinq huitièmes, etc)

VOCABULARY

(An underlined infinitive ending indicates that the verb in question is regular.)

(*m*) = masculine; (*f*) = feminine; (*pl*) = plural; FAM. = familiar language; INF. = infinitive; INV. = invariable; SL. = slang; SUBJ. = subjunctive

A

abattre	to gun down, fell, knock flat
aboiement(*m*)	barking
d'abord	first of all
aborder	to come up to, tackle
aboutir	to end up, result
aboyer	to bark
abreuvoir(*m*)	drinking trough
abruti	stupefied, dazed
accéder à	to reach, attain, gain access to
accès(*m*)	access
d'accord!	OK! agreed!
accorder	to grant
accueil(*m*)	welcome
accueillir	to greet, welcome
actualités(*f.pl*)	news, current affairs
actuellement	currently, now
adhérent/-e(*m/f*)	member
adolescent/-e(*m/f*)	teenager
affaire(*f*)	bargain
affaires(*f.pl*)	belongings, business
homme d'affaires	businessman
affecté	assigned, allocated
affirmer	to state, declare
affreux/-euse	awful, dreadful
affrontement(*m*)	confrontation
affronter	to confront
afin de (+INF.)	in order to
âge(*m*)	age
agent(*m*)	agent, policeman
agent immobilier	estate agent
s'agglutiner	to congregate, build up
agir	to act, take action
il s'agit de	it's a matter of
agneau(*m*)	lamb
agréer	to accept
agrégation(*f*)	very competitive exam
agrégé	having passed the above
agricole	agricultural
agriculteur(*m*)	farmer
ahuri	bewildered, stunned
aide(*f*)	help
aide comptable(*m*)	assistant accountant
aide soignante(*f*)	auxiliary nurse
aigreur(*f*)	bitterness
aigu/aiguë	sharp
ailleurs	elsewhere
d'ailleurs	moreover, besides
ainsi	thus, in this way
ainsi de suite	and so on, etcetera
ainsi que	as well as
aise(*f*)	comfort
à l'aise	at ease
ajouter	to add
alcool(*m*)	alcohol
s'aligner	to line up
allonger	to lengthen
s'allonger	to stretch out (further)
allumer	to light, switch on
alunir	to land on the moon
alunissage(*m*)	moon-landing
amas(*m*)	heap
amélioration(*f*)	improvement
améliorer	to improve
aménager	to improve, do up
amer/ère	bitter
ameublement(*m*)	furnishings
amitié(*f*)	friendship
amour(*m*)	love
amoureux/-euse (de)	in love (with)
s'amuser	to have fun
amygdale(*f*)	tonsil
ancien/-ienne	former, ancient
une ancienne école	a former school
une ruine ancienne	an ancient ruin
âne(*m*)	donkey
anecdote(*f*)	tale, anecdote
angine(*f*)	tonsillitis, sore throat
animal/animaux(*m*)	animal
animal familier	pet
animateur/-trice(*m/f*)	(youth) leader
année(*f*)	year
année bissextile	leap year
annonce(*f*)	advertisement
anonymat(*m*)	anonymity
anonyme	anonymous
anormal	abnormal
antitabagiste	anti-smoking

apercevoir	to catch sight of
s'apercevoir de	to notice, be aware of
s'aplatir	to lie down flat
apparaître	to appear
appareil(*m*)	device, appliance, camera, telephone
apparence(*f*)	(outward) appearance
en apparence	apparently
apparition(*f*)	appearance
appât(*m*)	bait
appel(*m*)	call, appeal
applaudir	to clap, applaud
apport(*m*)	contribution, benefit
apprenti(*m*)	apprentice
s'apprêter à	to get ready to
apprivoiser	to tame
approche(*f*)	approach
approfondir	to deepen, go deeply into
approuver	to approve (of), pass
appuyer	to lean
appuyer sur	to press
après J.-C.	A.D.
d'après	according to
arbitre(*m*)	referee
arc-en-ciel(*m*)	rainbow
arche(*f*)	ark
arme(*f*)	weapon
arme à feu	firearm
armoire(*f*)	wardrobe
arracher	to tear out, snatch
arrêter	to stop, arrest
arrhes(*f.pl*)	deposit
arrière(*m*)	back, rear
faire marche arrière	to reverse
arriver	to arrive, happen
artisan(*m*)	craftsman
ascenseur(*m*)	lift
aspirer	to aspire, vacuum, hoover
asservir	to enslave
assister à	to attend
assourdissant	deafening
assurance(*f*)	insurance, assurance
assurer	to insure, ensure, assure
astéroïde(*m*)	asteroid
astre(*m*)	star
astrologue(*m/f*)	astrologer
astuce(*f*)	trick
atelier(*m*)	workshop, studio
atroce	ghastly, dreadful
attachant	engaging, loving
attaque(*f*)	attack
atteindre	to reach, get to
attendrir	to move, soften
attentat(*m*)	bomb attack
attente(*f*)	wait
dans l'attente de	awaiting, hoping for
attirer	to attract
attraper	to catch
augmentation(*f*)	increase, rise
augmenter	to raise, rise
auparavant	previously
auprès de	alongside, among
aussi	also, so, therefore
aussitôt	immediately
aussitôt que	as soon as
autant	as much, as many
auteur(*m*)	author
autocollant(*m*)	sticker
autodescription(*f*)	self-description
autoritarisme(*m*)	authoritarianism
autorité(*f*)	authority
autoroute(*f*)	motorway
autour de	around
autre chose	something else
autrefois	formerly
autrement	otherwise
auxiliaire	assistant
avancement(*m*)	(money) advance, promotion
avant J.-C.	B.C.
avant que (+SUBJ.)	before
avenir(*m*)	future
aventurier(*m*)	adventurer
avertir	to warn
aviculteur/-trice(*m/f*)	bird-breeder, poultry farmer
avis(*m*)	opinion
à leur avis (etc)	in their opinion
avocat(*m*)	barrister, lawyer
AVOIR	
j'en ai pour . . .	it will take me . . .
qu'est-ce que tu as?	what's up with you?
avortement(*m*)	abortion
avouer	to admit, confess

B

baby-foot(*m*)	table football
bac(*m*) à sable	sand pit
bac(calauréat)(*m*)	school-leaving exam
bagages(*m.pl*)	luggage
bagarre(*f*)	fight, brawl, scuffle
bain(*m*)	bath, bathe
bain mousse	bubble bath
prendre un bain	to have a bath, go for a bathe
baisser	to go down, lower, decrease
balayer	to sweep (away)
baleine(*f*)	whale

balis<u>er</u>	to mark out
banal	trivial
bande(*f*)	strip, gang, tape
bande dessinée	cartoon, comic strip
banlieue(*f*)	suburbs
en banlieue	in the suburbs
banlieusard/-e(*m*/*f*)	suburbanite, commuter
bannière(*f*)	banner, flag
la bannière étoilée	the star-spangled banner
banque(*f*)	bank
banquette(*f*)	(bench) seat
banquier(*m*)	banker
barbe(*f*)	beard
barbu	bearded
bariolé	gaudy, multi-coloured
barre(*f*)	helm
basse-cour(*f*)	farmyard
bataille(*f*)	battle
bataillon(*m*)	battalion
bât<u>ir</u>	to build
battre	to hit, beat
se battre	to fight
bavard<u>er</u>	to chat, gossip
beau-frère(*m*)	brother-in-law
besoin(*m*)	need
avoir besoin de	to need (to)
bête	stupid
bête(*f*)	creature, animal
cherch<u>er</u> la petite bête	to be pernickety
bêtise(*f*)	stupidity, blunder
pas de bêtises!	no nonsense!
béton(*m*)	concrete
bien-être(*m*)	well-being
bien que (+SUBJ.)	although
bière(*f*)	beer, bier, coffin
bijou/-x(*m*)	jewel
bilan(*m*)	(death) toll, balance sheet
bilingue	bilingual
Bison Futé	(Cunning Bison) Traffic news
bless<u>er</u>	to injure, wound
bleu(*m*)	bruise
boeuf(*m*)	ox, bullock
boisson(*f*)	drink
boîte(*f*) (de nuit)	night club
bon(*m*)	coupon, voucher
bond(*m*)	leap
bondé	crowded
bond<u>ir</u>	to leap, jump
bonheur(*m*)	happiness
bord(*m*)	edge, (ship)board
à bord de	aboard
bouch<u>er</u>	to block
bouchon(*m*)	traffic jam
bouclé	curly
boueux/-euse	muddy
bouger	to move
boulevers<u>er</u>	to upset, disrupt, overwhelm
boulot(*m*) (FAM.)	job, grind
boum(*f*)	party
bousculade(*f*)	bustle
buscul<u>er</u>	to jostle, bump against
bout(*m*)	end, bit, piece
branch<u>er</u>	to plug in
braqu<u>er</u> (sur)	to aim, point, level (at)
bras(*m*)	arm
brebis(*f*)	ewe
brebis galeuse	black sheep (of the family)
bref	in short
bretelles(*f.pl*)	braces
brevet(*m*)	diploma, certificate
brochet(*m*)	pike
bronzé	sun-tanned
broyer	to crush
bruit(*m*)	noise, rumour
brûl<u>er</u>	to burn (up)
brûlure(*f*)	burn
brusque	sudden, sharp, abrupt
brusquement	abruptly
bruyamment	noisily
bruyant	noisy
bûch<u>er</u> (FAM.)	to swot
but(*m*)	goal, objective
but<u>er</u>	to trip, stumble

C

cabinet(*m*) de consultation	doctor's surgery
cacahuète(*f*)	peanut
cachette(*f*)	hiding-place
cadet/-ette	younger, youngest
cadre(*m*)	executive, manager, framework, confines, fabric
caisse(*f*)	cash desk, till, check-out
caissier/-ière(*m*/*f*)	cashier
caisson(*m*)	casing, shell
camarade(*m*/*f*)	friend, mate
cambriolage(*m*)	burglary
cambriol<u>er</u>	to burgle
cambrioleur(*m*)	burglar
camionnette(*f*)	van
campagnard	country, rustic
campagnard(*m*)	country dweller
campagne(*f*)	country(side), campaign
canapé(*m*)	settee, couch
canard(*m*)	duck

candidat/-e(*m/f*)	candidate, participant
candidature(*f*)	candidature, application
poser sa candidature à	to apply for
capacité(*f*)	ability
capituler	to give in, surrender
capot(*m*)	(car) bonnet
capsule(*f*)	capsule
caqueter	to cackle
caractère(*m*)	nature, character, letter, type
en gros caractères	in large letters
carburant(*m*)	fuel
carie(*f*)	decay
carrière(*f*)	career
carton-pâte(*m*)	cardboard, pasteboard
cas(*m*)	case
au cas où . . .	in case . . .
case(*f*)	box, square
cassettophone(*m*)	cassette recorder
cauchemar(*m*)	nightmare
à cause de	because of, on account of
causer	to chat, cause
cave(*f*)	cellar
céder	to give way, give in
ceinture(*f*)	belt
ceinture de sécurité	safety belt
célèbre	famous
célibataire	unmarried
célibataire(*m/f*)	bachelor, single girl
censure(*f*)	censorship
auto-censure(*f*)	self-censorship
centaine(*f*)	about a hundred
centrale(*f*)	power station
centre commercial(*m*)	shopping centre
cependant	however, meanwhile
certes	to be sure
certifié	qualified (of teacher)
cerveau(*m*)	brain
chagrin(*m*)	sorrow, disappointment
chaîne(*f*)	chain
chaîne stéréo	stereo unit
chaleureux/-euse	warm
chaleureusement	warmly
chambouler (FAM.)	to mess up, cause chaos in
champ(*m*)	field
chance(*f*)	luck
avoir de la chance	to be lucky
changement(*m*)	change
chanson(*f*)	song
charge(*f*)	responsibility
chargé de	responsible for
charger	to load
chariot(*m*)	shopping trolley

chasse(*f*)	hunt, hunting
chasse d'eau	flush (of toilet)
chasser	to hunt, chase
chasseur(*m*)	hunter
chasseur d'images	roving photographer
chauffard(*m*) (FAM.)	road-hog
chaussette(*f*)	sock
chaussure(*f*)	shoe
chemise(*f*)	shirt
chêne(*m*)	oak
chercher à	to attempt to
chercheur(*m*)	researcher
cheval/-aux(*m*)	horse
chevet(*m*)	bedhead
table(*f*) de chevet	bedside table
cheville(*f*)	ankle
chèvre(*f*)	goat
chiffre(*m*)	figure
chiot(*m*)	puppy
choc(*m*)	jolt
choc sourd	(dull) thud
chômage(*m*)	unemployment
chou/-x(*m*)	cabbage
(mon) chou (FAM.)	(my) dear
chouchou(*m*)	pet, blue-eyed boy/girl
chouette! (FAM.)	great!
ci-dessous	below
ci-dessus	above
ciel/cieux(*m*)	sky, heaven
bleu ciel (INV.)	sky blue
cigare(*m*)	cigar
circulation(*f*)	traffic
cirque(*m*)	circus
citadin/-e(*m/f*)	town dweller
cité(*f*)	housing estate
cité universitaire	university campus
citer	to quote
claquer	to bang, slam
classer	to classify, categorise
climat(*m*)	climate
climatisation(*f*)	air-conditioning
climatisé	air-conditioned
cloison(*f*)	partition, screen
cochon(*m*)	pig
coffre(*m*)	(car) boot
coffre-fort(*m*)	safe
(se) cogner	to knock, bang
coin(*m*)	corner
les quatre coins de France	all over France
coller	to stick, glue
combattre	to fight
comble(*m*)	height
ça, c'est le comble!	that's the last straw!

combler	to fill (in)
combustible(*m*)	fuel
comédien/-ienne(*m*/*f*)	actor/actress
comité(*m*)	committee
commandant(*m*)	commander
commandant de bord	flight captain
commande(*f*)	order
commander	to order
comment	how
commenter	to comment on
commerçant(*m*)	shopkeeper, tradesman
commis(*m*)	shop assistant
commis voyageur	travelling salesman
commissariat(*m*)	police station
commode(*f*)	chest-of-drawers
commodité(*f*)	convenience
commun	common
compagne(*f*)	(female) companion
compagnie(*f*)	company
compagnon(*m*)	(male) companion
compétent	efficient
compétence(*f*)	efficiency
complice(*m*/*f*)	accomplice
compréhensif/-ive	understanding
comprendre	to understand, realise, comprise
comprimé(*m*)	tablet
comptabilité(*f*)	accountancy
comptable(*m*/*f*)	accountant
compte(*m*)	account
à son compte	in one's own name, on one's own account
tenir compte de	to take into account
compter	to count, intend
se concentrer	to concentrate
concerner	to concern
en ce qui concerne	concerning
concevoir	to conceive, view
concours(*m*)	competition, competitive exam
conduire	to drive, lead
se conduire	to behave
conduite(*f*)	driving
examen(*m*) de conduite	driving test
confection(*f*)	the rag trade, clothing industry
conférence(*f*)	lecture, conference
conférencier/-ière(*m*/*f*)	lecturer
confier	to confide, entrust
conflit(*m*)	conflict
confondre	to confuse, muddle up
confort(*m*)	comfort
congé(*m*)	leave, holiday
congélateur(*m*)	deep-freeze
conjugal	marital
connaissance(*f*)	acquaintance, consciousness
faire la connaissance de	to get to know
perdre connaissance	to fall unconscious
sans connaissance	unconscious
connaissances(*f.pl*)	knowledge
conquête(*f*)	conquest
consacrer	to devote
conscience(*f*)	awareness
prendre conscience de	to become aware of
conscient(e)	aware
conseil(*m*)	advice
conséquent	logical, consistent
par conséquent	consequently
conserver	to preserve
consigne(*f*)	left-luggage office
consommation(*f*)	drink
consommer	to consume, devour
constater	to note, observe
construire	to build
constructeur/-trice(*m*/*f*)	builder
contenir	to contain
se contenter de	to merely . . .
contestation(*f*)	protest
sans contestation	indisputably
contrat(*m*)	contract
contre	against, in exchange for
par contre	on the other hand
contremaître(*m*)	foreman
contribuer	to contribute
convaincre	to convince
convenable	appropriate, suitable
convenir	to fit, suit
convenu	agreed
convoquer	to summon, call
copain/copine(*m*/*f*)	friend (FAM.)
corne(*f*)	horn
correcteur(*m*)	marker
corriger	to correct
corriger des copies	to mark (exam) papers
costume(*m*)	suit
cote(*f*)	popularity (rating)
côte(*f*)	coast, slope, hillside
côté(*m*)	side
d'à côté	next-door
d'un côté	on one side
coton(*m*)	cotton
couloir(*m*)	corridor
coup(*m*)	blow
en un coup d'œil	at a glance

tout d'un coup	all of a sudden
coupe(*f*)	cup, cut
boire la coupe jusqu'à la lie	to see things through to the bitter end
couper	to cut
couper la parole à	to cut short, interrupt
courageux/-euse	brave
courant	common, usual, normal
courant(*m*)	current
cours(*m*)	lesson, course
au cours de	during
courses(*f.pl*)	shopping, races
coussin(*m*)	cushion
coûter	to cost
coûte que coûte	whatever the cost
coûteux/-euse	expensive
couture(*f*)	dressmaking, sewing
couturier/-ière(*m/f*)	fashion designer, dressmaker
couvrir	to cover
craindre	to fear
cratère(*m*)	crater
crèche(*f*)	day nursery
créer	to create
cri(*m*)	shout
sans cris	without a fuss
criminalité(*f*)	crime, criminal activity
criminel/-elle(*m/f*)	criminal
crise(*f*)	crisis
crise cardiaque	heart attack
crise de toux	coughing fit
crispé	on edge, tense
critique	critical
critique(*f*)	criticism
critique(*m/f*)	critic
croissance(*f*)	growth
croquant	crisp, crunchy
cross(*m*)	cross-country (race)
croustillant	crusty, crunchy
cuisiner	to cook
cuisse(*f*)	thigh
cuivre(*m*)	copper
curieux/-euse	inquisitive

D

dactylo(graphie)(*f*)	typing
dauphin(*m*)	dolphin
davantage (de)	more
se débarrasser de	to get rid of
débat(*m*)	debate, discussion
débouché(*m*)	opening, market
déboucher	to emerge
debout	standing
se débrouiller	to cope, manage
début(*m*)	start
débutant(*m*)	beginner
déception(*f*)	disappointment
décevoir	to disappoint
décharger	to unload
déchiffrer	to decipher
déchirant	heartbreaking
se déclarer	to break out, come out
décollage(*m*)	take-off
décoller	to take off
découverte(*f*)	discovery
découvrir	to discover
décrire	to describe
défaite(*f*)	defeat
défilé(*m*)	march
définitivement	conclusively
dégager	to clear, extricate
dégradation(*f*)	deterioration
degré(*m*)	level
déguisé	in disguise
dehors	outside
en dehors de	outside (of)
déjeuner	to have lunch, breakfast
délabré	ramshackle, dilapidated
au-delà de	beyond
délai(*m*)	time limit, date limit
délai de parution	publication deadline
dans les plus brefs délais	as quickly as possible
délégué/-e(*m/f*)	official, representative
demande(*f*)	application, request
se demander	to wonder
démarche(*f*)	walk, gait
démarrage(*m*)	start(ing)
démission(*f*)	resignation
demoiselle(*f*)	young lady
démoniaque	devilish
démontrer	to demonstrate
dénigrer	to run down, denigrate
dénouement(*m*)	outcome, conclusion
dentifrice(*m*)	toothpaste
dépanneur(*m*)	repairman
dépasser	to exceed, overtake
se dépêcher	to hurry
dépeindre	to depict
dépense(*f*)	expenditure, consumption
dépenser	to spend, use up
se déplacer	to move (around)
déplaire (à)	to displease
dépliant(*m*)	pamphlet
déplier	to unfold
déposer	to put down
déposition(*f*)	statement

déranger	to disturb
dès	as from
dès que	as soon as
désemparé	distraught
désertique	barren
désespoir(*m*)	despair
au désespoir	in despair
se déshabiller	to undress
désigner	to denote, refer to
désobéir (à)	to disobey
désobéissance(*f*)	disobedience
désolé	sorry
désormais	from now on
desservir	to serve, offer a service to
dessin(*m*)	drawing, sketch
dessinateur/-trice(*m/f*)	designer
dessous(*m*)	underneath
en dessous	down below
dessus(*m*)	top
destiné à	intended to, meant for
détacher	to unfasten
se détendre	to relax
détendu	relaxed
détresse(*f*)	distress
détruire	to destroy
se développer	to develop, expand
deviner	to guess, make out
dévisager	to eye up and down, stare at
devoir(*m*)	duty
dévoué	devoted, dedicated
diapo(sitive)(*f*)	slide (transparency)
dicton(*m*)	saying
différence(*f*)	difference
à la différence de	unlike
difficulté(*f*)	difficulty
diffuser	to circulate, broadcast
dignité(*f*)	dignity
dilemme(*m*)	dilemma
direction(*f*)	management
discours(*m*)	speech
discret/-ète	discreet, unobtrusive
discutable	questionable
discuter	to discuss
disparaître	to disappear
disparition(*f*)	extinction, disappearance
disponible	available
disposer de	to have available
dispositif(*m*)	device
disposition(*f*)	lay-out
se disputer	to argue
disque(*m*)	record
dissertation(*f*)	essay
distraction(*f*)	amusement
divers	various
divorcer d'avec	to divorce
dodo(*m*) (FAM.)	sleep, 'bye-byes'
doigt(*m*)	finger
indiquer du doigt	to point (at)
domaine(*m*)	field, area, sphere
domicile(*m*)	home
DONNER	
ne plus savoir où donner de la tête	to not know which way to turn
doré	golden, golden-brown
dos(*m*)	back
doucement	gently, quietly
douceur(*f*)	gentleness
douche(*f*)	shower
douleur(*f*)	pain
douloureux/-euse	painful, distressing, harrowing
doute(*m*)	doubt
sans aucun doute	without doubt
sans doute	probably
douteux/-euse	dubious, shifty
doux/douce	gentle, mild, soft
drame(*m*)	drama
drapeau(*m*)	flag
se dresser	to tower, stand
droit(*m*)	right, entitlement
drôle	funny
ce n'est pas drôle	it's no joke
dupe	taken in, fooled
dur	hard
durée(*f*)	length of time
durer	to last

E

s'écailler	to flake off
échantillon(*m*)	sample
échec(*m*)	setback, failure
éclat(*m*)	outbreak, outburst
à l'éclat de	at the onset of
voler en éclats	to fly into pieces
éclater	to burst, break out
éclater de rire	to burst out laughing
écourté	shortened
écran(*m*)	screen
à l'écran	on the screen
au petit écran	on the 'box'
écraser	to crush, run over
s'écrier	to exclaim, cry out
écrivain(*m*)	writer
éducateur/-trice(*m/f*)	instructor/instructress
effectuer	to carry out

effet(*m*)	effect
en effet	in fact, that's right
efficace	effective, efficient
effraction(*f*)	breaking and entering
entrer par effraction	to break in
effrayant	frightening
également	also
égalité(*f*)	equality
élaborer	to draw up, work out
s'élargir	to spread, widen
électroménager/-ère	household electrical
électronicien/-ienne(*m/f*)	electronics engineer
électronique(*f*)	electronics
élevé	high
élever	to raise, breed
s'élever socialement	to climb socially
éleveur(*m*)	breeder
éloigné	distant, far away
s'éloigner	to move away
embaucher	to take on, hire
embouteillage(*m*)	traffic jam
embraser	to set ablaze
émeute(*f*)	riot
émission(*f*)	programme, broadcast
emmener	to take (away)
émotion(*f*)	excitement, emotion
emploi(*m*)	job
employé/-e(*m/f*)	employee, clerk
empoisonner	to poison
ému	excited
«enchanté»	"pleased to meet you"
encore	yet, still, again, more
s'endimancher	to put on one's Sunday best, dress up
endommager	to damage
s'endormir	to go to sleep
endroit(*m*)	place, spot
énerver	to irritate, annoy
enfermer	to shut in
enflé	swollen
engagement(*m*)	obligation
engloutir	to engulf
engueuler (SL.)	to give s.o. a rocket
s'engueuler (SL.)	to have a slanging match
enjeu(*m*)	stake
enlèvement(*m*)	abduction
enlever	to abduct, take off
ennemi(*m*)	enemy
ennui(*m*)	boredom
s'ennuyer	to be bored
ennuyeux/-euse	boring
énormément	enormously
énormément de	a huge amount of

enquête(*f*)	survey, (police) enquiry
enquêteur/-euse(*m/f*)	officer i/c investigation
enragé	berserk, rabid
enregistrer	to record
enrichir	to enrich
enseignant/-e(*m/f*)	teacher
enseigner	to teach
ensemble	together
ensemble(*m*)	total number, estate
dans l'ensemble	on the whole
grand ensemble	major housing development
entendre	to hear, intend
s'entendre (avec)	to get on (with)
entendu!	right!
en-tête(*m*)	heading
enthousiaste	enthusiastic
entouré de	surrounded by/with
entourer	to surround, be all round
s'entraîner	to train
entremets(*m*)	sweet, dessert
entreprendre	to undertake
entrepreneur(*m*)	contractor
entre-temps	meanwhile
entretenir	to maintain, support
entretien(*m*)	upkeep, maintenance
entrevoir	to glimpse
entrevue(*f*)	interview (for job etc)
environ	approximately, about
environs(*m.pl*)	surrounding area
épagneul(*m*)	spaniel
épaule(*f*)	shoulder
hausser les épaules	to shrug one's shoulders
épave(*f*)	wreck
éplucher	to peel (potatoes)
époque(*f*)	era, age
à l'époque	at the time
époux/épouse(*m/f*)	husband/wife
épreuve(*f*)	test
éprouver	to experience, feel
épuisant	exhausting
épuisé	exhausted
équipage(*m*)	crew
équipe(*f*)	team
ère(*f*)	era, age
espace(*m*)	space
espacé	spaced out
espèce(*f*)	species
espérer	to hope (for)
espion/-nne(*m/f*)	spy
espoir(*m*)	hope
esprit(*m*)	mind
essai(*m*)	trial, test, try
essentiellement	mainly
essoufflé	out of breath

étable(*f*)	cowshed
établir	to set up
établissement(*m*)	establishment
étage(*m*)	storey, floor
étalage(*m*)	(shop) display
état(*m*)	state
état civil	civil status
éteindre	to extinguish, put out, switch off
s'étendre	to stretch, lie down
étonnant	surprising
étranger/-ère(*m/f*)	foreigner
à l'étranger	abroad
être(*m*)	being
études(*f.pl*)	studies, research
étudier	to study
s'évader	to escape
s'évanouir	to faint
éveillé	wide awake, waking
événement(*m*)	event, occurrence
éviter	to avoid
évoluer	to develop
évolution(*f*)	advancement, development
examen(*m*)	exam
passer un examen	to sit an exam
examinateur/-trice(*m/f*)	examiner
s'exclamer	to exclaim, cry out
exemplaire	exemplary, serving as an example
exemplaire(*m*)	copy
exercer	to carry out, work
exigence(*f*)	requirement, demand
exiger	to demand, require
expérimenté	experienced
expliquer	to explain
exploiter	to exploit, make most of
explorateur(*m*)	explorer
extra-terrestre(*m/f*)	extra-terrestrial

F

fabriqué	made up, false
fabriquer	to manufacture, produce
faciliter	to make easier
façon(*f*)	way
d'une façon pareille	like that
facultatif/-ive	optional
faculté(*f*)	faculty
entrer en faculté	to go to university
faible	weak
FAIRE	
s'en faire	to get het up
faire venir	to send for
faire face à	to face
fit-elle	she said
c'en est fait (de moi)	it's all over (for me)
fait(*m*)	fact, deed
fait divers	news item
familial	family
se faufiler	to slink
fauteuil(*m*)	armchair, single seat (on train)
faux/fausse	false, fake, wrong
féliciter	to congratulate
félins(*m.pl*)	(big) cats
fer(*m*)	iron
ferme	firm
d'une main ferme	firmly, resolutely
ferme(*f*)	farm
férocement	ferociously
fesse(*f*)	buttock
fête(*f*)	festival
Fête des Pères	Fathers' Day
feu(*m*)	fire
feu d'artifice	firework
feu de joie	bonfire
feuille(*f*)	leaf, sheet, form
feuilleton(*m*)	serial
feux(*m.pl*)	(side)lights
fiançailles(*f.pl*)	engagement
fiancé avec	engaged to
se ficher de (SL.)	to not give a damn about
fidèle	faithful, loyal
fier/-ière	proud
se fier à	to trust
fil(*m*)	wire, thread
coup(*m*) de fil	phone-call
fil de fer	wire
file(*f*)	line
filet(*m*)	net
fin	fine, delicate
le fin du fin (de)	the last word (in)
fin(*f*)	end
finale(*f*)	final
fixer	to stare at
flatteur/-euse	flattering
flipper(*m*)	pinball
foi(*f*)	faith
folie(*f*)	stupidity, madness
la folie des grandeurs	delusions of grandeur
fonctionnaire(*m/f*)	civil servant
fonctionner	to work, function
fond(*m*)	background
au fond de	at the back/far end of
forces(*f.pl*)	strength
forêt(*f*)	forest

formation(*f*)	training
forme(*f*)	shape
en pleine forme	fit, in great shape
formel/-elle	clear-cut
formule(*f*)	formula, expression
fort	strong, loud, good, very
fou/folle	mad
fou/folle(*m*/*f*)	maniac
fouiller	to search, frisk, rummage
foule(*f*)	crowd
fournisseur(*m*)	supplier
fourrure(*f*)	fur
frais/fraîche	fresh, cool
frais(*m.pl*)	expenses
framboise(*f*)	raspberry
franchement	frankly
franchir	to go through, cross
frappant	striking
frapper	to knock
fret(*m*)	freight
frite(*f*)	chip
front(*m*)	forehead
frustrant	frustrating
fugitif/-ive	fleeting
fuir	to run away from
fuite(*f*)	escape, leak
fumer	to smoke
fumeur(*m*)	smoker
furieux/-euse	furious, angry, raging
fusée(*f*)	rocket
fusil(*m*)	gun, rifle
fusil de chasse	shotgun
fusillade(*f*)	shoot-out

G

gâcher	to spoil, ruin
gadget(*m*)	gimmick
gagne-pain(*m*)	breadwinner
galerie(*f*)	gallery, shaft, roof-rack
galérien(*m*)	galley slave
gamin/-e(*m*/*f*)	kid
garde(*f*) d'enfants	child minder
gardien(*m*) de la paix	town policeman
garer	to park
géant	giant
gênant	embarrassing, irksome
gêné	embarrassed
générique(*m*)	credits
genou/-x(*m*)	knee, lap(*pl*)
genre(*m*)	kind, sort, gender
gens(*m*/*f.pl*)	people
jeunes gens(*m.pl*)	young men
gentil/-ille	nice, kind
gérant/-e(*m*/*f*)	manager/-eress
geste(*m*)	sign, gesture
gigantesque	gigantic, immense
glace(*f*)	ice(-cream)
glisser	to slip, slide
gosse(*m*/*f*) (FAM.)	kid
goût(*m*)	taste
goutte(*f*)	drop
gouvernante(*f*)	governess, housekeeper
grâce à	thanks to
Grande École	very academic institution
gratiner	to grill with cheese
gratuit	free (of charge)
grave	serious
grenade(*f*)	grenade, pomegranate
grenade lacrymogène	tear-gas grenade
grièvement	severely, seriously
griffe(*f*)	claw, talon
grignoter	to nibble
grimper	to climb, clamber
grisonner	to go grey
grommeler	to mutter
gronder	to tell off
gros/-sse	fat, big
en gros	in large letters
groupe(*m*)	group
guépard(*m*)	cheetah
guérir	to cure
guerre(*f*)	war
guerre mondiale	world war
guichet(*m*)	counter, ticket office
gymnastique(*f*)	gymnastics

H

s'habiller	to dress
habitant(*m*)	inhabitant
habitude(*f*)	habit, custom
d'habitude	usually
haïr	to hate
haleine(*f*)	breath
de longue haleine	long-term
hors d'haleine	out of breath
hardi	bold
hasard (le)	chance
par hasard	by chance
hâte (la)	haste
à la hâte	hurriedly
haut	high
haut les mains!	stick 'em up!
hâve	pale, wan, haggard
hebdomadaire	weekly
hebdo(madaire)(*m*)	weekly magazine

héler	to hail
héros (le)	hero
hésiter	to hesitate
heure(*f*)	hour, time
heures d'affluence	rush hour
tout à l'heure	presently, just now
heurter	to knock against
Hexagone(*m*)	France
holà!	hold it!
hôpital(*m*)	hospital
hors (de)	out of, outside
hors taxe	duty free
huile(*f*)	oil
humanité(*f*)	humanity
hurler	to yell, scream
hypnose(*f*)	hypnosis
hypnotiser	to hypnotise

I

d'ici une semaine	in a week's time
idée(*f*)	idea
idée reçue	generally accepted idea
ignorer	to not know, ignore
île(*f*)	island
les îles britanniques	British Isles
image(*f*)	picture, image
image de marque	public image
immeuble(*m*)	block (of flats)
immonde	foul
impasse(*f*)	deadlock
s'impatienter	to get impatient
imperméable(*m*)	raincoat
importer	to matter
peu importe!	no matter!
s'imposer	to force oneself on
imprenable	impregnable
imprévu	unforeseen
plein d'imprévus	full of surprises
imprimer	to print
inattendu	unexpected
incertitude(*f*)	uncertainty
indicatif(*m*)	theme tune, jingle
infirme(*m/f*)	cripple
infirmier/-ière(*m/f*)	nurse
informaticien/-ienne (*m/f*)	computer scientist
informations(*f.pl*)	news
informatique(*f*)	computing, data processing
ingénieur(*m*)	engineer
ingrat	ungrateful
l'âge ingrat	the awkward age
inimitié(*f*)	enmity
inquiet/-iète	worried, anxious
s'inquiéter	to worry
insérer	to insert
insolite	unusual
insonorisé	soundproofed
s'installer	to set up, settle
instant(*m*)	moment, instant
pour l'instant	for the time being
interdit	forbidden, amazed
s'intéresser à	to be interested in
interroger	to question
interrompre	to interrupt
interview(*f*)	(news) interview
intrigue(*f*)	plot
inutile	useless, pointless
investissement(*m*)	investment
isolement(*m*)	isolation
issue(*f*)	exit, outlet

J

jadis	in days of old, formerly
jaloux/jalouse	jealous
jeunesse(*f*)	youth
joie(*f*)	happiness
se joindre à	to join in
jouer	to play, gamble
rien n'est encore joué	there's still everything to play for
jouet(*m*)	toy
journal(*m*)	newspaper, diary
journée(*f*)	day
juger	to judge, assess
juridique	legal
jusqu'à	up to, until
jusqu'à ce que (+SUBJ.)	until
jusqu'ici	until now

L

là-bas	over there, down there
laboratoire(*m*)	laboratory
lâche	cowardly
lâche(*m/f*)	coward
laisser	to leave (behind), let
laitier/-ière	dairy
lamelle(*f*)	flake
lancement(*m*)	launching
lancer	to launch, throw
langue(*f*)	tongue, language
donner sa langue au chat	to give up (guessing)
largeur(*f*)	width, breadth
larme(*f*)	tear

les larmes aux yeux	tearfully, in tears
lecteur/-trice(*m/f*)	reader
légende(*f*)	caption, legend
légèrement	(s)lightly
lendemain(*m*)	next day
liaison(*f*)	relationship, link
libérer	to free
lien(*m*)	relationship, link
lieu(*m*)	place
au lieu de	instead of
avoir lieu	to take place
lièvre(*m*)	hare
littéraire	literary
location(*f*)	renting, hire
logement(*m*)	housing, accommodation
logements(*m.pl*)	flats, lodgings
loi(*f*)	law
loisir(*m*)	leisure
loisirs(*m.pl*)	leisure activities
long/longue	long
de long en large	to and fro
longueur(*f*)	length
lors de	at the time of
lorsque	when
louer	to rent, hire
loup/louve(*m/f*)	wolf/she-wolf
à pas de loup	stealthily
loupe(*f*)	magnifying glass
loyer(*m*)	rent
lugubre	gloomy, sinister
lunettes(*f.pl*)	glasses, spectacles
lunettes de soleil	sunglasses
lutte(*f*)	struggle, fight
lutter	to struggle, fight
lycéen/lycéenne(*m/f*)	school student

M

magasin(*m*)	shop
grand magasin	department store
magnéto(phone)(*m*)	(tape)recorder
magnétoscope(*m*)	video recorder
maintien(*m*)	preservation, upholding
majuscule(*f*)	capital letter
mal(*m*)	evil, harm, pain
avoir du mal à	to have trouble...
faire mal à	to hurt, harm
mal de tête	headache
malade	ill, invalid
maladie(*f*)	illness, sickness
malentendu(*m*)	misunderstanding
malfaiteur(*m*)	miscreant
malheur(*m*)	misfortune
malin/maligne	artful, smart
manière(*f*)	way, manner
manifestant/-e(*m/f*)	demonstrator
manif(estation)(*f*)	demo(nstration)
manque(*m*)	shortage
manquer	to miss, fail, lack
manteau(*m*)	coat
marbre(*m*)	marble
marché(*m*)	market
faire le marché	to do the shopping
mari(*m*)	husband
mariage(*m*)	marriage, wedding
marin(*m*)	sailor, seafarer
marque(*f*)	brand, make
maternité(*f*)	maternity hospital
mathématiques(*f.pl*)	maths
matière(*f*)	(school) subject
en matière de	as regards
matinal	(up) early
matinée(*f*)	morning
mécanicien(*m*)	mechanic, train driver
mécontent	displeased, discontented
médecin(*m*)	doctor
médecin général	general practitioner
médicament(*m*)	medicine
méfiance(*f*)	wariness, mistrust
méfiant	wary, suspicious
même	same, self, very, even
quand même	even so, all the same
menaçant	threatening
ménage(*m*)	household
faire le ménage	to do the housework
femme(*f*) de ménage	cleaning lady
ménagère(*f*)	housewife
mener	to lead
mériter	to deserve
merveilleux/-euse	wonderful
messe(*f*)	Mass
mesure(*f*)	measure
au fur et à mesure	as required
outre mesure	overmuch, unduly
météo(*f*)	weather forecast
météorite(*f*)	meteorite
méthode(*f*)	method
métier(*m*)	trade, job
meubles(*m*)	furniture
miaulement(*m*)	mewing
miauler	to mew
micro(*m*)	mike
Midi(*m*)	South of France
mignon/-nne	cute, sweet
milliard(*m*)	thousand million, billion
millier(*m*)	about a thousand
mince	thin, slim
mine(*f*)	mien, expression

avoir bonne mine	to look well
ministère(*m*)	ministry
ministre(*m*)	minister
minuscule	tiny
miraculé	wondrous, miracle
mode(*f*)	fashion
à la mode	in fashion
modèle(*m*)	example
modéré	moderate
moindre	slightest, least
moins	less
à moins que (+SUBJ.)	unless
au moins	at least
du moins	at any rate
moitié(*f*)	half
mondial	world
monotone	tedious, monotonous
monstre(*m*)	monster
montagneux/-euse	mountainous
se moquer de	to make fun of
moral(*m*)	morale
garder le moral	to keep smiling
morceau(*m*)	piece, bit
mordre	to bite
ça mord!	I've got a bite!
morose	morose, negative
morosité(*f*)	sullenness
mort(*f*)	death
mort/-e(*m/f*)	dead person
mot(*m*)	word
mot d'ordre	slogan
moto(*f*)	(motor)bike
mouton(*m*)	sheep
mouvement(*m*)	movement
moyen(*m*)	means, way
moyens de transport	means of transport
moyenne(*f*)	average
en moyenne	on average
multiple	numerous
Mundial(*m*)	World Cup
muraille(*f*)	(high) wall
mûre(*f*)	blackberry
myope	shortsighted

N

naïf/naïve	simple(-minded)
naissance(*f*)	birth
natation(*f*)	swimming
naufragé(*m*)	castaway
navette(*f*)	shuttle
faire la navette	to run a shuttle (service)
nerveux/-euse	nervous
neuf/neuve	brand new
neutre	neutral
niche(*f*)	kennel
nid(*m*)	nest
niveau(*m*)	level
noir(*m*)	dark, blackness
noircir	to blacken
nombre(*m*)	number
nombreux/-euse	numerous
notable	noteworthy
notaire(*m*)	solicitor
notamment	particularly
note(*f*)	mark, note
nouilles(*f.pl*)	noodles
nourrir	to feed
nourriture(*f*)	food
nouveau-né(*m*)	new-born baby
nouveauté(*f*)	novelty, s.th. new
nouvelle(*f*)	piece of news
nu	naked
nuancer	to tone down, qualify
nuire à	to harm, damage
nymphe(*f*)	nymph

O

oasis(*f*)	oasis
obligatoire	compulsory
observation(*f*)	comment
obtenir	to obtain
obus(*m*)	shell
occidental	western
œil/yeux(*m*)	eye(s)
en un clin d'œil	in a flash
œuvre(*f*)	work(s)
offre(*f*)	offer
s'offrir	to treat oneself to
oie(*f*)	goose
oignon(*m*)	onion
oiseau(*m*)	bird
ombre(*f*)	shade, shadow
à l'ombre de	in the shade of
opinion(*f*)	opinion
s'opposer à	to clash with, confront, object to
orage(*m*)	storm
oral/oraux(*m*)	oral exam
orbite(*f*)	orbit
ordinateur(*m*)	computer
ordonnance(*f*)	prescription
ordonné	methodical
ordre(*m*)	order
oreille(*f*)	ear
orgueil(*m*)	pride
orientation(*f*)	career outlet

s'orienter vers	to head towards
origine(*f*)	origin
os(*m*)	bone
oser	to dare
otage(*m*)	hostage
ôter	to remove
ours(*m*)	bear
ours blanc	polar bear
ouvreuse(*f*)	usherette
ouvrier/-ière(*m/f*)	worker

P

pacifique	peaceful
palefrenier(*m*)	kennel boy
palissade(*f*)	(wooden) fence
palpiter	to beat fast
panneau(*m*)	sign, hoarding
pansement(*m*)	dressing
panthère(*f*)	panther
Pâques(*f.pl*)	Easter
paquet(*m*)	packet, parcel
parcourir	to skim through, cover
pare-brise(*m*)	windscreen
pare-chocs(*m*)	bumper
pareil/-lle	similar, alike, of the sort
pareil à	the same as
parenthèse(*f*)	bracket
entre parenthèses	in brackets
parfois	sometimes
parmi	among
paroi(*f*)	wall
parole(*f*)	word
adresser la parole à	to address
part(*f*)	share
à part entière	in full collaboration
prendre part à	to take part in
partager	to share
partenaire(*m/f*)	partner
parti(*m*)	(political) party
participer à	to take part in
partie(*f*)	part, section
faire partie de	to be a part of
surprise-partie(*f*)	party
partir	to leave, go
à partir de	starting from
partisan de	in favour of
partout	everywhere
un peu partout	just about everywhere
parution(*f*)	appearance, release
pas(*m*)	(foot)step
passer	to pass, spend (time)
passer un examen	to sit an exam
se passer	to happen
passif/-ive	passive
passionnant	exciting
passionné	excited
passionné par	enthusiastic about
passionnément	enthusiastically, excitedly
pâtes(*f.pl*)	pasta
patron/-nne(*m/f*)	boss/chief
patte(*f*)	paw, (animal) foot
pause(*f*)	break
pauvreté(*f*)	poverty
paysage(*m*)	landscape
paysagiste(*m/f*)	landscape gardener
paysan/-nne	country, of the farm
les paysans(*m.pl*)	country folk
péage(*m*)	toll(booth)
peau(*f*)	skin
pêche(*f*)	fishing, peach
ligne(*f*) à pêche	fishing line
pêcher	to fish
pêcheur(*m*)	fisherman
peine(*f*)	difficulty, trouble
à peine	scarcely, hardly
à peine . . . que	no sooner . . . than
peintre(*m/f*)	painter
peinture(*f*)	paint, painting
pénétrer (dans)	to enter, make way into
périmé	outdated, invalid
permanence(*f*)	permanence
en permanence	permanent(ly)
personnage(*m*)	character (in film etc)
personnalité(*f*)	personality, VIP
personne(*f*)	person
personnel(*m*)	staff
perspective(*f*)	view
en perspective	in prospect
perte(*f*)	loss
à perte de vue	as far as the eye can see
pertinent	relevant
perturber	to disrupt
peser	to weigh
pétard(*m*)	banger
peuplé	populated, with people in
peupler	to populate
peur(*f*)	fear
avoir peur de	to be afraid of
de peur que (+SUBJ.)	lest, for fear that
phallocratie(*f*)	male chauvinism
phare(*m*)	headlight, lighthouse
phénomène(*m*)	phenomenon, freak
philo(sophie)(*f*)	philosophy
phoque(*m*)	seal
photographe(*m/f*)	photographer
phrase(*f*)	sentence

piaffer	to stamp
piaffer d'impatience	to fidget impatiently
pièce(*f*)	room, play, coin, part, document
Pièce Jointe	Enclosure
pied(*m*)	foot
au pied du mur	up against it
se lever du pied gauche	to get out of bed on the wrong side
piège(*m*)	trap
pierre(*f*)	stone
pigiste(*m/f*)	freelance journalist
pile(*f*)	battery
piquer	to prick, sting
piquet(*m*)	picket
piqûre(*f*)	injection, sting
piscine(*f*)	swimming pool
piste(*f*)	track, ski-slope, runway
place(*f*)	room, space, square
plaindre	to pity
se plaindre	to complain
plainte(*f*)	complaint
porter plainte	to complain (officially)
plaire (à)	to please
plaisanter	to joke
plaisir(*m*)	pleasure
planche(*f*)	plank
planète(*f*)	planet
plier	to fold, bend
plié en deux	bent double
plupart(*f*)	most, majority
plusieurs	several
plutôt	rather, fairly
pneu(*m*)	tyre
poche(*f*)	pocket
poids(*m*)	weight
poids lourd	heavy lorry
point(*m*)	point
point culminant	height, climax
point noir	black (accident) spot
pointe(*f*)	point, speck
l'heure de pointe	rush hour
pointu	pointed
petits pois(*m.pl*)	peas
poisson(*m*)	fish
poisson rouge	goldfish
poitrine(*f*)	chest
poli	polite
Police Judiciaire	CID
policier(*m*)	policeman
poliment	politely
politique	political
pommier(*m*)	apple tree
porte-bonheur(*m*)	lucky charm

portefeuille(*m*)	wallet
porte-monnaie(*m*)	purse
porte-parole(*m*)	spokesman
porter sur	to focus on, concern
porté à	inclined to
posséder	to possess
poste(*m*)	job
poule(*f*)	hen
poulet(*m*)	chicken(meat)
poulette (FAM.)	love, sweetheart
poumon(*m*)	lung
pour (+INF.)	in order to
pour que (+SUBJ.)	so that
pourboire(*m*)	tip
pourcentage(*m*)	percentage
poursuite(*f*)	chase, pursuit
pourvu que (+SUBJ.)	provided that
pousser	to push, grow, urge
pousser un cri	to utter a cry, scream
pousser un soupir	to heave a sigh
poussière(*f*)	dust
pouvoir(*m*)	power
POUVOIR	
ne plus en pouvoir	to be unable to go on
pratiquement	practically
pré(*m*)	meadow
se précipiter vers	to rush, dash towards
préciser	to make clear, clarify
prédire	to foretell, predict
en premier	first of all
prénom(*m*)	Christian name
préoccupé	preoccupied, absorbed
préoccuper	to bother, concern
préparatifs(*m.pl*)	preparations
près	near
à peu près	more or less, roughly
de près	closely
près de	near (to)
tout près	nearby
prescrit	stipulated, laid down
se présenter	to arise, crop up
président/-e(*m/f*)	chairperson
pression(*f*)	pressure
prêter	to lend
prêter attention	to pay attention
prévision(*f*)	forecast
prévision météo-(rologique)	weather forecast
prévoir	to foresee
prévu	foreseen, scheduled
prier	to beg, pray
je vous en prie	don't mention it
prière(*f*)	prayer
principe(*m*)	principle

en principe	in theory, as a rule
prisonnier/-ière(*m/f*)	prisoner
privé	private
prix(*m*)	prize, price
problème(*m*)	problem
procès(*m*)	trial
procès-verbal	minutes, statement
prochain	next
proche	near(by)
se procurer	to obtain
se produire	to arise, occur
produit(*m*)	product
proférer	to utter
projet(*m*)	plan
promener	to take for a walk
promener son regard	to cast one's eyes
promesse(*f*)	promise
tenir une promesse	to keep a promise
en promotion(*f*)	on special offer
à propos(*m*)	by the way
à propos de	on the subject of
proposer	to suggest
se proposer	to put oneself forward
proposition(*f*)	suggestion, proposal
propre	own, clean
mes mains propres	my clean hands
mes propres mains	my own hands
propriétaire(*m*)	owner
protéger	to protect
provincial(*m*)	s.o. living in the provinces
provoquer	to cause
publicitaire	advertising (ADJ.)
publicité(*f*)	advertising
pudique	modest, discreet
puéricultrice(*f*)	children's nurse

Q

qualifier de	to describe...as
quant à	as for
quart(*m*)	quarter
quartier(*m*)	district
du quartier	local
que . . . ou	whether . . . or
quelconque	some (...or other), any old...
quiconque	someone or other, just anyone
quinzaine(*f*)	about fifteen, fortnight
quoi de neuf?	what's new?
quoique (+SUBJ.)	although
quotidien/-nne	daily
quotidien(*m*)	daily newspaper

R

raconter	to tell, narrate, recount
rage(*f*)	rabies
raisonnable	sensible, reasonable
rajeunir	to make younger
ralentissement(*m*)	slowing down
ramasser	to pick up
rang(*m*)	row
ranger	to tidy (up), put away
râpé	grated
rappeler	to remind, call back
rappeler à l'ordre	to call to order
se rappeler	to remember
rapport(*m*)	report, relationship
rassembler	to collect
se rassembler	to meet up
rassurer	to reassure
rater	to fail, miss
rattrapage(*m*)	catching up
examen(*m*) de rattrapage	resit
rauque	hoarse
ravi de	delighted to/with
se raviser	to change one's mind, think better of it
ravissant	charming
rayon(*m*)	shelf, department
réagir	to react
réaliser	to fulfil, realise, accomplish
se réaliser	to come true
recaler	to fail
récemment	recently
réchauffer	to warm up
recherche(*f*)	(re)search
à la recherche de	looking for
rechercher	to seek, hunt for
récit(*m*)	tale, narrative
réclame(*f*)	advertisement
en réclame	on special offer
recommander	to recommend
récompense(*f*)	reward
se réconcilier	to make up
réconfort(*m*)	comfort, consolation
reconnaître	to recognise
recruter	to recruit
recteur(*m*)	rector, head of 'académie'
reçu	successful (in exam)
être reçu à...	to pass...(exam)
reculer	to go backwards
rédacteur/-trice(*m/f*)	editor
rédiger	to draw up, edit
redoutable	formidable
réduire	to reduce

réflexion(*f*)	thought, reflection
après réflexion	after due thought
refuge(*m*)	shelter, home, refuge
se réfugier	to take cover/refuge
règlement(*m*)	payment, regulation
reine(*f*)	queen
reins(*m.pl*)	kidneys, back
relation(*f*)	relationship
relever	to pick out
relier	to connect
remarquer	to notice
remplacer (par)	to replace (with)
renard(*m*)	fox
rencontre(*f*)	encounter, meeting
rencontrer	to encounter, meet
rendez-vous(*m*)	appointment, meeting
rendre	to make (+ADJ.), give back
rendre visite à qqn	to visit s.o.
se rendre	to surrender, go
se rendre compte (de)	to realise
renforcer	to strengthen
renoncer (à)	to give up
renseignements(*m.pl*)	information
rentrée(*f*)	return
rentrée des classes	back to school
renvoyer	to send away, dismiss
repérer	to sight, spot
répondeur(*m*) automatique	telephone answering machine
réponse(*f*)	reply, answer
reportage(*m*)	report, bulletin
reporter	to put off, postpone
reposant	restful
repousser	to push away, reject
reprendre	to regain, resume
réputé	renowned
requin(*m*)	shark
requis	required
respirer	to breathe
responsable(*m/f*)	person in charge
ressentir	to feel, be conscious of
restes(*m.pl*)	remains
résultat(*m*)	result
résumer	to summarise, sum up
se rétablir	to recover
retard(*m*)	delay
retarder	to delay
retenir	to keep, retain, remember
retentir	to resound, ring out
retour(*m*)	return
se retourner	to turn around
retraite(*f*)	retirement
prendre la retraite	to retire
réunion(*f*)	meeting
se réunir	to get together, combine
réussir	to succeed, pass
réussite(*f*)	success
rêve(*m*)	dream
réveil(*m*)	alarm clock
révéler	to reveal
rêver	to dream
réviser	to revise, service
se révolter	to rebel
révolté	rebellious, outraged
rez-de-chaussée(*m*)	ground floor
rhume(*m*)	cold
rhume de cerveau	head cold
richesse(*f*)	wealth
rideau(*m*)	curtain
rigueur(*f*)	strictness, rigour
de rigueur	strict, obligatory
rire(*m*)	laugh(ter)
rires nerveux	giggles
rivage(*m*)	shore, bank
robinet(*m*)	tap
roche(*f*)	rock
rocher(*m*)	rock
roman(*m*)	novel
rompre	to break (off)
rond	round
rongeur(*m*)	rodent
rougeole(*f*)	measles
roulant	on wheels
table(*f*) roulante	trolley
rouleau(*m*)	roll(er)
rouleau compresseur	roadroller
routier/-ière	road
conducteur routier	long-distance driver
royaume(*m*)	kingdom
rubrique(*f*)	column, heading
rumeur(*f*)	noise, rumour
rusé	cunning

S

sage	wise, well-behaved
sagesse(*f*)	wisdom
sain	healthy
sain et sauf	safe and sound
saisir	to grab, seize
salaire(*m*)	wage, salary
salutation(*f*)	greeting
sanctionner	to approve, recognise
sang(*m*)	blood
sanglot(*m*)	sob
sans	without, were it not for
sans cesse	endlessly
sans que (+SUBJ.)	without

santé(*f*)	health
A votre santé!	Good health!
sapeur-pompier(*m*)	fireman
fumer comme un sapeur	to smoke like a chimney
satellite(*m*)	satellite
saturer (FAM.)	to have had enough
saugrenu	ludicrous
sauter	to jump
sauvegarde(*f*)	protection
se sauver	to escape
savant(*m*)	scientist
savon(*m*)	soap
savonner	to soap
scénario(*m*)	script
sceptique	sceptical
schéma(*m*)	outline
scientifique(*m/f*)	scientist
scolarité(*f*)	schooling, school attendance
séance(*f*)	performance, meeting, session
sécher	to dry
secouriste(*m/f*)	first aider
secours(*m*)	help
au secours!	help!
de secours	emergency
sécurité(*f*)	safety
sécurité routière	road safety
séduire	to seduce, attract
séduisant	attractive
séjour(*m*)	stay
séjourner	to stay
selon	according to
semblable	similar
sembler	to seem
semelle(*f*)	sole (of shoe)
sens(*m*)	direction, meaning
sensible	sensitive
sentir	to sense, smell
se sentir	to feel
sérieux/-euse	serious(-minded)
prendre au sérieux	to take seriously
seringue(*f*)	syringe
serrer	to grip, squeeze, hug, tighten
serrure(*f*)	lock
serveur(*m*)	waiter, barman
serveuse(*f*)	waitress, barmaid
serviette(*f*)	briefcase, towel
servir	to serve
servir à	to be used for
se servir de	to make use of
seuil(*m*)	doorstep, threshold
sexe(*m*)	sex
shampooing(*m*)	shampoo
si	if, so, yes, supposing
siècle(*m*)	century
siège(*m*)	seat
signifier	to mean
simultané	simultaneous
singe(*m*)	monkey
sinon	otherwise, if not, other than
sirène(*f*)	siren
sirop(*m*)	syrup, linctus, cordial
slip(*m*)	briefs
société(*f*)	society, company
sociologue(*m/f*)	sociologist
soigner	to look after, treat
soin(*m*)	care
soins(*m.pl*)	medical treatment
soit!	all well and good! that's as may be!
somme(*f*)	sum (of money)
somptueux/-euse	sumptuous, spectacular
son(*m*)	sound
le mur du son	the sound barrier
prise(*f*) de son	sound recording
sondage(*m*)	opinion poll
sonner	to ring
sonnerie(*f*)	bell (electric)
sort(*m*)	fate, plight
sortie(*f*)	excursion, exit, general release (film)
souci(*m*)	worry, care
soudain	sudden(ly)
souffle(*m*)	breath
le souffle court	with bated breath
souffrance(*f*)	suffering
souffrir	to suffer
souhaiter	to wish
soulager	to relieve, soothe
soulever	to lift up
souligner	to underline, highlight
soumettre	to submit
soumis à	subject to
souper	to have supper
soupir(*m*)	sigh
soupirer	to sigh
sourire	to smile
sourire(*m*)	smile
souris(*f*)	mouse
sous-traitant(*m*)	subcontractor
soute(*f*)	luggage hold
soutenir	to support
se souvenir de	to remember
sportif/-ive	sporting, athletic
sportif/-ive(*m/f*)	sportsman/woman

stade(*m*)	stadium, stage
stage(*m*)	training course
station(*f*)	resort
sténo(graphie)(*f*)	shorthand
strident	shrill, jarring
stupéfait	stunned, astounded
subtil	subtle
succès(*m*)	success
suffisamment	sufficiently
suffisant	sufficient
suggérer	to suggest
suite(*f*)	continuation, result
suite à	following
suivant	following, next
suivant	according to
suivre	to follow
comme suit	as follows
sujet(*m*)	topic, subject
au sujet de	about
support<u>er</u>	to put up with, bear
sûr	sure
bien sûr	of course
surlendemain(*m*)	two days later
surmont<u>er</u>	to overcome
surnommé	nicknamed
surprendre	to surprise
surveill<u>er</u>	to (keep) watch over, supervise
survenir	to appear, occur
survivre	to survive
suspect	suspicious, suspect
sympa(thique)	great, kind
syndical	trade union (ADJ.)
syndicat(*m*)	trade union
système(*m*)	system

T

tabac(*m*)	tobacco
tableau(*m*)	picture
tableau indicateur	indicator board
tableau noir	blackboard
tache(*f*)	stain
tâche(*f*)	task, chore
tacheté	spotted
tactique(*f*)	tactics
changer de tactique	to alter one's approach
taille(*f*)	height, size
tailleur(*m*)	lady's suit, costume
se taire	to be silent, keep quiet
tandis que	whereas, whilst
tant	so (much/many)
tant de	so much, so many
tant pis!	too bad!
en tant que	as, in the rôle of
tapis(*m*)	carpet
tapis roulant	conveyor belt
taquin<u>er</u>	to tease
tas(*m*)	heap
taupe(*f*)	mole
tel/telle	such
tel que	such as
rien de tel que	nothing like
télébruti(*m*) (FAM.)	square-eyes
téléjeu(*m*)	video game
téléspectateur(*m*)	TV viewer
tellement	so, so much
tellement de	so many, so much
tempête(*f*)	storm
tend<u>re</u>	to offer, hold out
tendu	tense
TENIR	
tenir compte de	to take into account
tenir tête à	to stand up to
tenir une promesse	to keep a promise
tentative(*f*)	attempt
tenté	tempted
en terminale	in the upper sixth
têtu	stubborn
thème(*m*)	subject, theme
tiens!	there you are!
tiers(*m*)	third
timbre(*m*)	stamp, bell
tirage(*m*)	circulation, printing
tir<u>er</u>	to pull, draw, shoot
tir<u>er</u> sur	to fire at
tiroir(*m*)	drawer
titre(*m*)	title
grand titre	headline (radio)
gros titre	headline (newspaper)
à titre de	as, by way of
tôle(*f*)	sheet metal, bodywork
tolérer	to put up with
tonus(*m*)	(muscle) tone, energy
tortue(*f*)	tortoise
tôt	early
touch<u>er</u>	to touch, receive
tour(*m*)	round, turn, tour
tour(*f*)	tower
touss<u>er</u>	to cough
tout à fait	altogether, completely
toutefois	anyway
toux(*f*)	cough
toxico(mane)(*m/f*)	junkie, drug addict
trace(*f*)	track, trail
en train de (+INF.)	in the process of
traîn<u>er</u>	to drag, trail
tranquillisant(*m*)	tranquilliser

tranquilliser	to quieten, calm down
transformer (en)	to change, turn (into)
transpirer	to perspire, sweat
transports(*m.pl*)	transport
transports en commun	public transport
travail/travaux(*m*)	work/works
travailleuse(*f*) familiale	home help
à travers	through
trébucher	to trip
trèfle(*m*)	clover
tremplin(*m*)	springboard
tricot(*m*)	knitting
trier	to sort (out)
trimestre(*m*)	term
se tromper	to make a mistake
se tromper de	to mistake
trou(*m*)	hole
troupe(*f*)	troop
trouvaille(*f*)	find, discovery
truc(*m*) (FAM.)	thingumajig, whatsit
tuer	to kill
typique	typical

U

ufologue(*m/f*)	ufologist, UFO expert
unir	to unite
univers(*m*)	universe
d'urgence	emergency
usager/-ère(*m/f*)	user
usine(*f*)	factory
utiliser	to use

V

vache(*f*)	cow
vaincre	to conquer, overcome
vaincu(*m*)	loser
vainqueur(*m*)	victor, winner
vaisselle(*f*)	crockery, washing-up
valeur(*f*)	value, worth
mettre en valeur	to highlight, bring out
valoir	to be worth
il vaut mieux (+INF.)	it is best to...
varicelle(*f*)	chicken pox
variole(*f*)	smallpox
vedette(*f*)	star, celebrity
veille(*f*)	eve, day before
vélo(*m*)	bike
vélomoteur(*m*)	moped
vendeur/-euse(*m/f*)	salesman/girl
vendeur ambulant	itinerant salesman
vente(*f*)	sale
en vente	on sale
service(*m*) après-vente	after-sales service
verglas(*m*)	(black) ice
vérification(*f*)	checking
vérifier	to check
vérité(*f*)	truth
en vérité	indeed
verser	to pour
verser une somme	to pay out a sum of money
au verso(*m*)	on the back/reverse side
vertige(*m*)	giddiness, vertigo
avoir le vertige	to feel giddy
vertu(*f*)	virtue
vestibule(*m*)	hallway
vêtements(*m.pl*)	clothes, clothing
vétérinaire(*m*)	vet
se vêtir (de)	to dress up (in)
vêtu de	dressed in
veuf/veuve(*m/f*)	widower/widow
vexé	upset
victime(*f*)	victim
vide	empty
vide(*m*)	gap, void
vie(*f*)	life
vie conjugale	married life
vieillir	to grow old
vif/vive	lively
vigueur(*f*)	vigour
mettre en vigueur	to put into operation
vilain	naughty, nasty
visage(*m*)	face
trouver visage de bois	to find nobody at home
viser	to aim at
vitre(*f*)	window(pane)
vivement	brusquely, abruptly
voie(*f*)	track
en voie de	in the process of
voilier(*m*)	yacht
voilure(*f*)	aerofoils, sails
voisin	neighbouring, nearby
voisin/-e(*m/f*)	neighbour
voix(*f*)	voice
vol(*m*)	robbery, theft, flight
vol habité	manned flight
volant(*m*)	steering-wheel
voler	to steal, rob, fly
voleur(*m*)	robber, thief
volonté(*f*)	will(power)
voyou(*m*)	thug, lout

Y

yaourt(*m*)	yoghurt

Abbreviations

BEPC(*m*) (Brevet d'Etudes du Premier Cycle) = 16+ school-leaving exam
CAP(*m*) (Certificat d'Aptitude Professionnelle) = Professional diploma
CEP(*m*) (Certificat d'Etudes Professionnelles) = Professional diploma
Hlm*(m/f)* (Habitation à loyer modéré) = Subsidised housing/'council' flat
MLF(*m*) (Mouvement de Libération des Femmes) = Women's Liberation Movement
OVNI(*m*) (Objet volant non identifié) = UFO (Unidentified flying object)
SA(*f*) (Société Anonyme) = Plc (Public limited company)
SPA(*f*) (Société Protectrice des Animaux) = RSPCA
VRP(*m*) (Voyageur, représentant, placier) = travelling salesman

Concise recommended reading list

(A) *Reference works for 'civilisation' and topical French studies*

Apart from reading newspapers and magazines (*L'Express* and *La Vie* in particular) the following texts are extremely informative and highly accessible to students of French:

1 *France in the 1980s* by John Ardagh (Pelican) – an up-to-date portrait of France in a variety of fields

2 *Institutions politiques et administratives de la France* by Louis François – a comprehensive study in Hachette's *Faire le Point* series of modern French institutions

3 *Guide to French Institutions* by Coveney and Kempa (Harrap) – a concise treatment, in English, of the above with useful vocabulary lists at the end of each section

4 The *Profil Dossier* series has also produced the following titles, which will be of interest to sixth formers:
Les Françaises aujourd'hui
La famille en question
Les loisirs
Les syndicats
Le chômage

(B) *Reference works for language*

1 *Grammaire pratique du français d'aujourd'hui* (G. Mauger), the excellent eighth edition of this summary of French grammar from Hachette

2 *The Collins-Robert French Dictionary*, a good work of reference for the sixth former and student of French

(C) *Tapes*

Highly recommended are the excellent programmes produced by the BBC in the series *Voix de France*, broadcast regularly for schools.

NB The majority of the texts listed above can be purchased from **Grant & Cutler Ltd** or ordered from **European Schoolbooks Ltd.**